ティーチング・ポートフォリオ
授業改善の秘訣

土持ゲーリー法一

The Teaching Portfolio
The Key to Success in Improvement of Teaching

東信堂

はじめに

　最近、多くの大学がファカルティ・デベロップメント (FD) を中心とした授業改善に取り組んでいる。しかし、未だ、効果的な改善策もないまま暗中模索の状態が続いている。文部科学省は、大学・短期大学教員の授業レベルをアップするため、全教員にFD研修を義務づける方針を固め、2007年度に大学設置基準と短期大学設置基準を改正し、早ければ、2008年4月にも義務化に向かって動き出す。これは、研究中心の日本の大学において学生の教育にも力点を置く必要があると判断したもので、大学全入時代を迎え、学生の質の低下を懸念する経済界からの要請も背景にある、との衝撃的なニュースが『毎日新聞』(2006年10月21日付夕刊) の一面トップで報道された。まさしく、日本の大学教育力の前途を憂えたものである。たしかに、日本はスイスのIMD機関が行った先進国47カ国における比較調査『世界競争力年鑑』の「大学教育は国際経済競争に対応しているか」の項目では、47カ国中最下位に位置づけられ[1]、経済界の憂慮も深刻である。

　文科省が1999年9月に大学と短大の設置基準を改正し、FDの努力義務規定を盛り込んだ結果、FDを導入している大学も年々増加したが、実態は講演会の開催や研修会、授業内容の検討会などが中心で、必ずしも、実質的な授業改善に繋がっていない。今、求められるのは、大学における「授業改善」を改善することである。周知のように、大学院はすでにFDが努力義務規定から義務規定に改正され、2007年4月から義務化された。

　具体的なFDの研修内容などは、今後、中央教育審議会で審議されることになるが、原因の核心をつく議論が展開されることを切望する。何

よりも、なぜ、大学教員（ファカルティ）の授業改善が展開（デベロップメント）しないのか、その原因はどこにあるのか、問題の所在を明らかにしてもらいたい。筆者は、なぜ、授業改善が必要かという教員の「意識」が欠落しているところに原因があると考えている。

　大学における授業改善は、教員の「意識改革」からはじめるべきである。どのような授業を行っているか、教員の授業に対する「省察」が不可欠である。自己反省するためには、担当した授業を詳細に分析するための証拠資料がなくてはならない。授業実践記録とそれに教員の省察を加えた書類がティーチング・ポートフォリオ（Teaching Portfolio）と呼ばれるものである。ティーチング・ポートフォリオを必要とする理由は3つ考えられる。第1は、自らの授業を記録し整理することにより、授業の改善と向上に役立てること、第2は、教員の教育活動がより正当に評価され、その努力が報われるための証拠づけとなること、第3は、個々の教員の「優れた授業」「巧みな工夫」「熱心な指導」が共有の財産となり、他の教員に還元されることである。北米では、第2に偏り、教員評価として運用される場合が多い。その影響もあって、日本ではティーチング・ポートフォリオと聞けば、教員評価に繋がると警戒し、取り組みに消極的な教員が少なくない。しかし、ティーチング・ポートフォリオには、第1にあるように、「自らの授業を記録し整理することにより、授業の改善と向上に役立てる」という目的も含まれている。

　後述のように、弘前大学から派遣された4名の教員は、カナダのダルハウジー大学のティーチング・ポートフォリオに関する5日間のワークショップを通して、ティーチング・ポートフォリオが授業改善に不可欠であると認識した。今、日本の大学は、「全入時代」という未曾有の時代に直面し、教育の質をどう高めるかという難題のなかでFDとしてのティーチング・ポートフォリオの活用が重要であると考えている。本書は、上記のような視点に立ってまとめたものである。

　授業を省察するうえで不可欠なものが、「授業シラバス」であることは言うまでもない。また、後述するように、ティーチング・ポートフォ

リオには、49項目の証拠資料を含むことができるが、そのなかで最も重要とされるものが、「学生による授業評価」である。これら2つが授業改善の鍵になる。本書ではこの2つを中心に言及する。授業改善は教員だけでできるものではない。学生がどのように学習に関わっているか、学生側からの視点も不可欠である。

　最初に、教員がどのような授業を実践しているかである。効果的な授業かどうか判断するためには、授業シラバスの見直しからはじめることを提言する。この場合、従来のように、講義中心の授業シラバスではいけない。学生の自主的な学習を促す能動的な授業シラバスへの改善が求められる。これは、現在、中央教育審議会が進める「単位制度の実質化」にも繋がる。授業シラバスに明記される到達目標は、明瞭かつ実現可能なものか、また評価方法は、学生に事前に通達された公平なものか、などについて再検討を要する。

　次に、「学生による授業評価」である。授業評価は、教員の期待通りのものであったか、それとも、逆に、厳しい評価であったか。学生は、教員が考えている以上に客観的な評価ができる。「学生に高尚な学問の評価はできない」などの傲慢な態度では何の解決にも繋がらない。

　「授業シラバス」や「学生による授業評価」が、授業改善に繋がってはじめて意義がある大学改革といえる。この2つが、授業改善のためのティーチング・ポートフォリオを作成するうえで重要な項目となる。さらに、教員が授業改善に向けて自己研鑽に励んでいるか、自問自答することも忘れてならない。たとえば、授業改善のためのファカルティ・デベロップメント(FD)や公開授業への参加、カリキュラム開発、セミナーおよび学会などに積極的に参加しているかどうかである。これらの一連の証拠資料が揃って、はじめて授業実践の客観的な分析ができる。

　ポートフォリオについては、最近、小中高校の「総合的な学習の時間」で広く活用されているが、ティーチング・ポートフォリオについては十分に知られていない。現在、ポートフォリオと呼ばれているものは、厳密には「ラーニング・ポートフォリオ」のことである。子どもたちに自

ら学び、自ら考える力や学び方や考え方を身につけさせ、より良く問題を解決する資質や能力を育むのに役立っている。この授業には従来の教科のように教科書がないので、子どもたちが、何をどのように学んだかを記録したラーニング・ポートフォリオが重要になる。これは学習過程における進捗状況を把握するうえで不可欠である。

　ティーチング・ポートフォリオは、教員の「授業実践記録」に過ぎないと考える教員もいるが、決してそうではない。ティーチング・ポートフォリオのなかで最も重要といわれるものが、「ティーチング・フィロソフィ(Teaching Philosophy)」である。これは教員の授業に対する「哲学」であって、日本では馴染みが薄いが、教員の「授業哲学」がなければ、単なる「授業日誌」に過ぎなくなる。教員の授業に対する「哲学」が、「授業シラバス」や「学生による授業評価」に反映していなければならない。なぜなら、学士課程教育は、人間形成の重要な営みであって、教員と学生の人間関係が重要となるからである。ティーチング・ポートフォリオは、「教育業績評価」で、「研究業績評価」に匹敵する。後述のように、北米の多くの大学では、終身雇用の獲得や昇進のための評価基準として広く採用されている。

　「反省」だけなら誰でもできる。ティーチング・ポートフォリオは、その原因を徹底的に分析し、改善すべきは改善するというもので、授業改善の「秘訣」である。なぜ、そう断言できるのか。それは、授業改善に必要な49項目をティーチング・ポートフォリオのなかに含むことができるからである。

　筆者は、戦後日本の高等教育改革の研究を専門としている。先ごろ、拙著『戦後日本の高等教育改革政策──「教養教育」の構築』(玉川大学出版部、2006年)を上梓し、そこでの研究成果を踏まえて、現在、大学改革、とくに、FDを中心とする授業改善に取り組んでいる。また、その一環として、アメリカおよびカナダの6つの大学の授業・学習支援センター等における授業改善への取り組みを調査した。この調査では、ティーチング・ポートフォリオのみならず、能動的学習を促進するための授業シ

ラバスの作成、図書館を利用した「指定図書」のあり方、アカデミック・ライティング・センターの役割、コンピュータを駆使した不正引用および剽窃防止策の導入、大学としての成績評価基準の設定、授業評価のための効果的なフィードバック、大講義室での能動的学習の導入方法、高大連携の将来的なあり方など、FDによる授業改善に繋がる多くの情報を収集した。これらの成果は、すべて本書のなかで紹介している。

　ティーチング・ポートフォリオについては、発祥地であるカナダのダルハウジー大学における関係者への単独インタビューおよび事前調査を踏まえ、2006年5月から6月にかけて、弘前大学からの3名のFD委員とともに同大学での5日間のティーチング・ポートフォリオに関するワークショップに参加して「認定書」が授与された。ティーチング・ポートフォリオは、カナダおよびアメリカで広く普及している。国の認証機関である大学評価・学位授与機構もティーチング・ポートフォリオの重要性に着目し、後述のように、この分野の権威者セルディン(Peter Seldin)を講師に迎え、2006年8月に、授業改善に関する公開講演を主催した。さらに、彼のティーチング・ポートフォリオに関する著書を翻訳・刊行する予定である。

　弘前大学では、2006年度大学評価・学位授与機構による認証評価を受けた。2006年9月の訪問調査では、本学が積極的に取り組んでいるティーチング・ポートフォリオに高い関心が払われたことからも、ティーチング・ポートフォリオの導入はますます重要になるものと思われる。

2007年5月5日

著　者

ティーチング・ポートフォリオ──授業改善の秘訣──／目次

はじめに …………………………………………………………… i
図表一覧 …………………………………………………………… x

序章 ……………………………………………………………… 3
 Ⅰ 中央教育審議会答申『我が国の高等教育の将来像』…… 3
 Ⅱ 大学評価基準 ……………………………………………… 4
 Ⅲ 大学評価・学位授与機構主催の公開講演会
  「授業評価で大学をどう変えるか──アメリカ
  における取組みと成果──」………………………………… 5
  1 学生による授業評価 (5)
  2 授業改善に結びつく評価方法 (8)
 Ⅳ ファカルティ・デベロップメント ……………………… 13
 Ⅴ 高大連携 …………………………………………………… 17
  1 日本における高大連携 (17)
  2 アメリカの高大連携
   ──シラキューズ大学「プロジェクト・アドバンス」(19)
  3 弘前大学の高大連携シンポジウム (20)
 Ⅵ 他大学における優れた取り組み ………………………… 23
  1 東北大学の「基礎ゼミ」(23)
  2 佐賀大学の学生参加型の授業改善の取り組み (27)
  3 山形大学の取り組み (29)

1章 授業シラバスの見直し …………………………………… 32
 Ⅰ 授業シラバスの問題点 …………………………………… 32
  1 学習形態の変化 (32)
  2 授業シラバスとは何か (34)
  3 授業シラバスの混乱 (35)
  4 授業シラバスへの学生の反応 (37)
  5 授業シラバスの作成状況 (39)
 Ⅱ アメリカの大学における授業シラバス ………………… 42
  1 学習者を主体とする能動的な授業シラバス (42)

  2　コミュニケーションの役割を果たす授業シラバス (44)

2章　授業シラバスの書き直し……………………………………46
 I　授業シラバスの検討事項………………………………………46
  1　ティーチング・フィロソフィ (46)
  2　学習到達目標 (46)
  3　授業内容 (47)
  4　成績評価とGPA (48)
  5　授業シラバスと成績評価 (56)
  6　ラーニング・ポートフォリオの役割 (58)
  7　論文の書き方と採点法 (62)
  8　学期途中のフィードバック (68)
  9　不正行為 (72)

3章　能動的学習……………………………………………………75
 I　能動的学習の促進………………………………………………75
  1　優れた授業実践のための7つの原則 (75)
  2　ティップス先生からの7つの提案 (77)
  3　能動的学習の促進 (79)
  4　効果的授業の導入 (81)
 II　能動的学習の実践………………………………………………82
  1　大講義室でもできる能動的学習 (82)

4章　授業改善への取り組み………………………………………85
 I　授業評価実施状況と対応………………………………………85
  1　文部科学省のデータ (85)
  2　授業改善への反映 (86)
 II　弘前大学の取り組み……………………………………………88
  1　授業改善計画書 (88)
  2　授業改善のためのティーチング・ポートフォリオの取り組み (93)
  3　ロールプレーを用いたティーチング・ポートフォリオの啓発 (98)

4　授業改善のための「指定図書」の導入と図書探索クイズ (102)
　　　5　公開授業・検討会の模索 (107)
　　　6　オンラインを利用した学期途中のフィードバック (108)

5章　ティーチング・ポートフォリオ …………………………111
　Ⅰ　ティーチング・ポートフォリオの理論 ……………111
　　　1　ティーチング・ポートフォリオとラーニング・ポートフォリオ (111)
　　　2　ティーチング・ポートフォリオの役割 (113)
　　　3　ティーチング・ポートフォリオの歴史と活動 (114)
　　　4　ダルハウジー大学 (116)
　　　5　授業哲学 (Teaching Philosophy) (123)
　　　6　ティーチング・ポートフォリオに含まれる49項目 (124)
　　　7　授業改善のためのティーチング・ポートフォリオの効果 (126)
　Ⅱ　ティーチング・ポートフォリオのワークショップ ………128
　　　1　ダルハウジー大学のワークショップ (128)
　　　2　ティーチング・ポートフォリオのテンプレート (130)
　　　3　ワークショップの実践ノート (134)
　Ⅲ　ティーチング・ポートフォリオ「弘前大学モデル」の構築 ……………………………………141
　　　1　大学教員評価 (141)
　　　2　「弘前大学モデル」の構築 (142)

まとめ ……………………………………………………145
註 …………………………………………………………151
あとがき…………………………………………………159
資料（授業シラバス）…………………………………167
資料：ティーチング・ポートフォリオ ………………189
事項索引…………………………………………………198
人名索引…………………………………………………201

図表一覧

図序−1　取り組みの概念図　　　　　　　　　　　　　　26
図1−1　学習ピラミッド　　　　　　　　　　　　　　　33
図1−2　シラバスの作成　　　　　　　　　　　　　　　36
図2−1　GPAの導入状況（大学数）　　　　　　　　　　50
図3−1　「休止」を挟む講義時間の学習パターンの推測　　82
図4−1　学生による授業評価を実施　　　　　　　　　　85
図4−2　学生による授業評価の結果を改革に反映させる
　　　　組織的な取り組み　　　　　　　　　　　　　　86
図4−3　実施体制図　　　　　　　　　　　　　　　　　96
図4−4　図書館利用なしの原因　　　　　　　　　　　105
図4−5　1ヶ月の読書量　　　　　　　　　　　　　　106
図4−6　授業の出席率　　　　　　　　　　　　　　　107
図5−1　ワークショップ参加者に配布される冊子　　　117
図5−2　ダルハウジー大学学習・授業センターのウエブサイト　129
図まとめ−1　『毎日新聞』(2006年10月21日付夕刊)　145
図まとめ−2　FDコンサルティングの案内　　　　　　148
図まとめ−3　授業支援と学習支援の関係　　　　　　149

表2−1　評価基準の枠組み　　　　　　　　　　　　　66
表5−1　大学院の環境学授業評価（1997年〜2001年）の平均値　121
表5−2　学士課程の環境学授業評価（1995年〜1999年）の平均値　121
表5−3　3つの大学院授業の年度別平均値　　　　　　121

ティーチング・ポートフォリオ
──授業改善の秘訣──

序　章

I　中央教育審議会答申『我が国の高等教育の将来像』

　周知のように、中央教育審議会は『我が国の高等教育の将来像』(2005年1月28日)を答申した。同答申は、21世紀に対応すべき、日本の高等教育の将来像を網羅したもので強い影響を与えた。なかでも、「第2章　新時代における高等教育の全体像」の「4　高等教育の質の保証」は重要である。そこでは、以下のようなことが盛り込まれている。

1) 個々の高等教育機関は、教育・研究活動の改善と充実に向けて不断に努力することが大切である。
2) 保証されるべき「高等教育の質」とは、教育課程の内容・水準、学生の質、教員の質、研究者の質、教育・研究環境の整備状況、管理運営方式等の総体を指すものと考えられる。したがって、高等教育の質の保証は、行政機関による設置審査や認証評価機関による評価(「認証評価」とは、すべての国公私立の大学等が、文部科学大臣の認証を受けた第三者評価機関による評価を受ける制度をいう。以下同じ。)のみならず、カリキュラムの策定、入学者選抜、教員や研究者の養成・処遇、各種の公的支援、教育・研究活動や組織・財務運営の状況に関する情報開示等のすべての活動を通して実現されるべきものである。
3) 高等教育の質の保証を考える上では、教員個々人の教育・研究能力の向上や事務職員・技術職員等を含めた管理運営や教育・研究支援の充実を図ることも極めて重要である。評価とファカルティ・ディ

ベロップメント (FD) やスタッフ・ディベロップメント (SD) 等の自主的な取組との連携方策等も今後の重要な課題である。

さらに、「第3章 新時代における高等教育機関の在り方」の学士課程「カリキュラム、単位、年限」の項において、「単位の考え方について、国は、基準上と実態上の違い、単位制度の実質化(単位制度の趣旨に沿った十分な学習量の確保)や学修時間の考え方と修業年限の問題等を改めて整理した上で、課程中心の制度設計をする必要がある」と「単位制度の実質化」を促している。

以上のことからも明らかなように、高等教育の質の保証には、授業改善への不断の努力が必要であり、とくに、「単位制度の実質化」を促したファカルティ・デベロップメントの活動が重要課題となっている。

II 大学評価基準

『大学評価基準』の「基準5 教育内容及び方法」では、「単位制度の実質化」への配慮が問われている。具体的には、「授業時間外の学習時間の確保、組織的な履修指導、履修科目の登録の上限設定など、学生の主体的な学習を促し、十分な学習時間を確保するような工夫」が求められる。

『学校教育法』の改正により、2004年度から第三者機関による大学評価が義務づけられた。その結果、国公私立大学(短期大学を含む)および高等専門学校は、教育研究水準の向上に資するため、教育研究、組織運営及び施設設備の総合的な状況に関し、政令で定める期間(7年以内)ごとに文部科学大臣が認証する評価機関(認証評価機関)の実施する評価を受けることが義務づけられ、基準を満たすべく単位制度の実質化に取り組んでいる。しかし、単位制の形骸化・空洞化は、新制大学の発足当時から内在した問題で、具体的な解決策もないまま現在に至っている[1]。

その原因は多岐にわたるが、筆者は、大学における教授法の欠落に主な原因があると考えている。大学評価基準のなかに明記されているように、「学生の主体的な学習を促し」「十分な学習時間を確保するような工

夫」が重要であるにもかかわらず、未だ、旧態依然とした講義中心の授業である。多くの教員は、単位制の問題は、授業時間外の予習・復習を怠る学生に責任があると考えている。しかし、大学評価基準の指摘は、大学側や教員側に改善・工夫を求めている。

III 大学評価・学位授与機構主催の公開講演会「授業評価で大学をどう変えるか——アメリカにおける取組みと成果——」

独立行政法人大学評価・学位授与機構は、「授業評価で大学をどう変えるか」と題した公開講演会を主催[2]し、アメリカからティーチング・ポートフォリオの権威者セルディン (Dr. Peter Seldin, Distinguished Professor, Pace University) を招聘した。同公開講演会では、セルディンの「学生による授業評価が授業改善につながるとき」およびミラー (Dr. Elizabeth Miller, Associate Professor, Northern Illinois University) の「授業改善に結びつく評価方法とは」の2つの講演が行われた。両講演とも、日本において授業評価を授業改善に繋げるうえで示唆に富む内容であった。

1 学生による授業評価

セルディンは、「学生による授業評価が授業改善につながるとき」と題して講演した。彼は、ティーチング・ポートフォリオに関する研究の第一人者であり、大学における授業改善について世界各国で講演をしている。それだけに、参加者を積極的にさせるために、クイズを用いるなどのユニークな講演内容であった。

演題は、「学生による授業評価」がどのように授業改善に繋がるかであったが、効果的な授業改善には、多くの情報も含めた総合的なものでなければならないと注意を喚起した。たとえば、授業参観、教材の確認、授業に関するビデオ録画なども「学生による授業評価」と同じように重要である。

「学生による授業評価」のためのフィードバックには、大きく分けて2

つの用途がある。一つは、教員の授業改善のためのもの、もう一つは、教員の昇進や終身雇用などの人事処遇を決定するための追加データとして提供・使用されるものである。

はじめに、授業改善のためのフィードバックであるが、学生による授業評価は、授業改善にとって効果的である。研究成果によれば、授業改善のためには、コンサルティングが重要である。次に、人事処遇のために、多くの大学では、これを人事評価に用いるが、これだけでは有効な手段とはいえない。最終的な決定をするには、他の情報も合わせた総合的な評価でなければならない。

「授業評価に関するクイズ」(9問)の用紙が参加者に配布され、回答するよう指示された。このクイズは、個人的にどう考えるかではなく、アメリカやヨーロッパの調査結果では、どのように考えられているかを予測する正誤クイズで、参加者と一緒に考えるユニークな試みである。クイズは、以下のようなものであった。

(1) ほとんどの教員は、昇進やテニュア（長期在職権）獲得の判断が、一部の学生による教育能力の評価に基づくということに賛成である。（答えは、「正」である）
(2) 授業評価は統計的に信頼できる（すなわち、内的な安定性があり、かつ時間を超えた一貫性がある）。（答えは、「正」である）
(3) 指導に関する学生の評価と学生の成績には非常に高い相関がある。（答えは、「誤」である）
(4) 講義クラスの男女構成は、授業評価の評価結果の高低に影響を及ぼす傾向がある。（答えは、「誤」である。男女の評価結果は、同じである）
(5) 大規模講義(100人以上)の教員は、35人から100人のサイズの講義を担当する教員と比べ、一般的に授業評価の結果は低い。（答えは、「誤」である）
(6) 教授、助教授などの高い地位にある教員は、低い地位にある教員よりも、授業評価の評価結果が、高い傾向にある。（答えは、「誤」で

ある。同じ結果である）
(7) 研究報告によれば、最も高い授業評価の結果を得る教員は、単なるエンターティナーではなく、実質的に優れている。（答えは、「正」である。ここでのエンターティナーとは、ジョークをいう人ではなく、教育に情熱を燃やして、授業することに熱心な人で、授業への工夫があり、ユーモアのある人のことである）
(8) 学生による授業評価というものは、典型的には評価が寛大で、そのスコアの分布は高い方に歪む傾向にある。（答えは、「正」である）
(9) 研究報告によれば、学生と同僚それぞれによる同一教員の評価結果は、正の中程度の相関がある。（答えは、「正」である）

　「学生による授業評価」の「信頼性」に関する調査結果によれば、どの調査結果からも安定性や信頼性が高いことが明らかとなっている。また、クラスのサイズは、授業評価に影響しないことも判明している。
　「学生による授業評価」の設計では、新しいものを作成するのではなく、既存のフォームを適用し、柔軟性のあるものにする。
　授業評価の実施は、授業改善を目的とするのであれば、学期途中が望ましいが、昇進やテニュアなど人事処遇を目的とする場合は、学期末でなければならない。
　授業改善について、教員と話し合うことは重要で互いに信頼し、尊敬し合うことが重要である。教員の教え方や目標に対して、互いに意見を述べることが推奨され、教員の性格でなく、授業への取り組みを中心に話し合うべきである。すなわち、人格ではなく、授業方法の評価に重点が置かれるべきである。優秀な教員が何を行い、何を行っていないかを話し合い、授業の問題点について改善策を与えることも重要である。授業を「診断」した後、どのようにすれば良くなるか代替案を提示する。
　最後に、「学生による授業評価」が唯一のものではない。効果的なものにするためには、他の証拠資料も合わせて検討することが重要であると結んだ。

2　授業改善に結びつく評価方法

　ミラーは、「授業改善に結びつく評価方法とは」と題して講演した。彼女によれば、教員は授業改善のために複数の評価方法を用いることができる。なぜ、複数の評価方法を用いる必要があるのか、それは単一の情報だけでは不十分だからである。複数の評価方法が用いられることで、「チェックアンドバランス」が保たれる。評価は学期末のもの、学期途中のもの、自己評価のものの3つにもとづく包括的な評価が必要であり、それによって偏りを防ぎ、バランスが取れたものになる。

　はじめに、「学期末の授業評価」であるが、アメリカで最も一般的に用いられるもので、学生による授業評価の中心は、学期全体を通しての教員の授業に対する意見である。学期を通した評価であることから、人事評価および授業改善の両方に使える。標準的な調査であることから、3つの例が考えられる。すなわち、「説明が明快であったか」「授業はよく準備されていたか」「重要なポイントがまとめられていたか」である。「そう思う」「そう思わない」などで回答し、自由記述（Open-Ended Questions）で尋ねることもできる。教員によっては、他の調査項目と一緒に行うこともある。たとえば、「この授業において最も良かった（悪かった）点は何ですか？」「教員の配布資料は役に立ちましたか？　将来的にも使えそうなものですか？」「採点方式（試験、研究課題、ディスカッション等）は毎回同じでしたか？」である。学期末の授業評価は、授業のスタイルをどのようにするかに役立つ場合が多い。

　次に、「学期途中の授業評価」であるが、これは授業改善だけに使用されるもので、人事評価には使用されない。この評価の重要な点は、フィードバックの時点で授業を受ける学生に利益があるということである。また、学生を授業改善に積極的に参加させることができるので、授業を適切に軌道修正できる学期途中の授業評価は重要である。学生が、授業改善に積極的に関与していると実感できるためには、学期末の授業評価にも積極的に取り組む必要がある。「学期途中の授業評価」の調査

の例として、「この授業をより良くするために私は（　　　　）を変えたら良いと思います」「小テストは（　　　　）」のように空白を学生に埋めさせるもの、あるいは「あなたの学習のために、教員にはさらに何ができるでしょうか？」などの意見を書かせるものが考えられる。評価の調査例からも、教員中心の授業形態から、学生の学習過程を重視する授業形態への移行が明らかであり、授業改善に重点が置かれる。「学期途中の授業評価」は、授業改善に焦点が当てられるのに対して、「学期末の授業評価」は教員の評価に重点が置かれる。

　最後は、「自己評価」である。これは、授業改善の現状を省みる体系的な方法である。学生の見解を比較することができ、実際の現場で他の教員の理念や目標と比べることができる。「自己評価」の調査例として、「本当に授業の題材に興味を持ち授業を行ったか？」「説明する際はうまく時間配分ができていたか？　学生に回答を求める際は、一旦間を置いたか？」「学生が教員としての自分について今後10年間覚えておいて欲しいものは何か？　またそれはなぜか？」を通して省察することができる。

　授業評価の話し合いの場面が、ロールプレーで行われた。ミラーが「学部長」を装い、セルディンが「教員」に扮してどのような対応が望ましいか、「悪い例」と「良い例」の両方が紹介された。

　はじめに、「悪い例」である。教員（セルディン）が、学生の授業評価の結果について、学部長（ミラー）の部屋に呼ばれた場面から「舞台」がスタートした。教員の態度は、「呼ばれたからきたまでで、あまりうれしくない」といった消極的な態度である。学部長の対応も形式的で、学生の授業評価の結果をストレートに説明した。たとえば、「学生の授業評価を検討した結果、学生のフィードバックでは、あなたの授業はまとまりがなく、理解できないと書いています。我々は、学生の授業評価を重視しています」と説明している。これに対して、教員は、「それは、学生の方が悪い」と責任転嫁して反論するというものである。

　次に、良いサンプルが紹介された。同じ場面が繰り返された。教員が、

学部長の部屋をノックして入り、「学生の授業評価について話したいというメモがありましたので来ましたが、何のことか説明してください」「よく来てくださいました。学生の授業評価を見ていると、学生が理解できなかったという箇所が目につきました。多分、あなたの説明が、不明瞭だったのかも知れません」「それを聞いてとてもショックです。私は、授業がはじまる前に、どのようなことを教えるか、具体的な例をあげて丁寧に説明しています。学生は、授業でどのようなことを話すかわかっているはずです」「それは、とても良い方法です。授業のはじまる前に、具体的に、何について話すかを説明することは、効果的です。わかりました。それでは、何か別の方法を考えて、学生がより良く理解できるようにしましょう」「私も、学生がより良く理解するように努力したいと思いますが、授業のトピックが5～6というのは学生にとって多すぎると思いますか」「私は主な3つのトピックに絞って教えています」「それは良い考えです。私も5～6のトピックは多すぎて、時間がなくなることもあります。トピックを3つに減らすことで、問題が解決すると思いますか」「多分、うまくいくと思いますよ。一度、やって様子をみてください。その後、もう一度話し合いましょう」という明るい雰囲気のものである。

　上記のロールプレーからも、良いサンプルの場合は、建設的な話し合いで、具体的であるのがわかる。これは学期末の授業評価に関してのものである。

　次に、参加者に回答してもらう「ケーススタディ」の資料が配布された。内容は、以下のようなものである。

　　教授Xは自身の「生物学入門」のコースの学期中間での評価を行った。彼女の学生のコメントには、以下のような発言が含まれていた：「私は、小テスト（クイズ）が<u>もっと簡単であること</u>を願っている」「私は、教授が、<u>より明瞭な講義をすることを願っている</u>」「<u>講義の時間は少なくして、ディスカッションの時間がより多くあれば</u>、このクラスは良くなるだろう」

クラスに関する彼女自身の自主評価のなかで、教授Xは、自分としてはクラスでより多くの議論を奨励しようとしたのだが、学期の前半部分では講義を主にしていたことに気がつく。教授Xはまた、週ごとのテストの学生の成績から考えて、自分の学生たちが、教授X自身が予想した通りには、成果をあげていないことにも注目する。彼女は、学生たちが学期の残りに必要となる基礎的な教材のいくつかを理解しないかもしれないのではないかと心配している。

　教授Xに対するこの入門コースの先学期末の評価では、学生が、彼女が講義に依存しすぎていると認識していて、彼女が明瞭な説明を行っているとは感じていなかったことが示されていた。しかしながら、学生たちは、彼女が学生たちの満足に関心を払っていて、教材を良く把握していたと感じていた。

　もし、あなたが教授Xを指導するとしたら、この時点で彼女のコースを改善させるために、どのような提案を行いますか？　彼女の授業を改善するための具体的な提案を、二、三、考えてください。

　上記のケーススタディをグループで話し合う課題である。筆者のグループでは、授業が「入門編」で、「学期途中の授業評価」であることに注目した。すなわち、教授Xは、学生の学力を十分に把握しないまま、授業シラバスを作成して授業を行った結果、齟齬が生じたのではないかと考え、授業の軌道修正をする必要があると考えた。すなわち、学期途中の授業評価を踏まえて、授業シラバスの見直しが必要ではないかと提案した。

　ミラーは、評価を行う包括的（学期末、学期途中、自己評価）なプランを開発すること、授業改善に向けて公開的な方策を生み出す複数の評価方法を用いることの重要性について指摘した。また、多様な情報源がティーチング・ポートフォリオを作成することに繋がる。これが授業改善に最も良い方法の1つであると結んだ。

　最後に、質疑応答の時間が設けられ、学生による授業評価および授業

改善が、どのようにティーチング・ポートフォリオと関連づけられるかについて、以下のような説明があった。

セルディンによれば、ティーチング・ポートフォリオは、教員の授業に対する「省察的供述 (Reflective Statement)」にもとづいてまとめたもので、授業改善にとって重要な役割を果たすと概略を説明した。ティーチング・ポートフォリオは、7～10ページの長さのもので、付録には、必要となる証拠資料を添付する。また、ティーチング・ポートフォリオは、添付された証拠資料によって裏づけられるものでなければならない。学生の授業評価の評点についても、単に数字を羅列するだけでは不十分で、それについての説明および証拠資料の裏づけが必要である。

はじめてのティーチング・ポートフォリオを作成するには、12～15時間を要する。ワークショップで実践する場合は4～5日間かかるので、学期中でなく、休暇中に集中的に行うのが一般的である。

ティーチング・ポートフォリオで最初に記載するのが、「授業の責任」であって、簡単なパラグラフで、担当している授業をリストし、履修学生の数、必修科目か選択科目か、あるいは学士課程か大学院の授業かについて供述する。

次に、"Reflective Statement"であるが、これは教員の哲学 (Philosophy of Teachers) に相当する。たとえば、「教員としての役割は何だと信じますか」「学生としての教室での役割は何だと信じますか」「どのような教授法を用いていますか。なぜ、そのような教授法が適切だと思いますか」「どのような授業内容を教えたいですか」などについて書くところである。これはティーチング・ポートフォリオのなかで最も長くなる部分で2～2.5ページとなり、最も難しいところでもある。学生による授業評価結果を図表でまとめると効果的である。授業シラバスを付録に添付するので、授業内容について知りたければ、参照できるので簡単にまとめるだけでよい。

学生が、授業をどのように学んだかを適切な証拠資料にもとづいて省察的に供述することは、ティーチング・ポートフォリオの重要な部分となる。教員によっては、授業前と授業後の結果を比較して、学生の学習

向上の成果を証明するものもいる。学生に教えるだけでなく、学生からのフィードバックを通して授業改善に積極的に取り組んでいることが重要である。

　ティーチング・ポートフォリオの付録の部分は、証拠となる資料を添付するところであるので、もし、添付する証拠資料がなければ、その部分については、ティーチング・ポートフォリオのなかで書けない。

Ⅳ　ファカルティ・デベロップメント

　ファカルティ (Faculty) には、大学を構成する各教員、教員団 (複数の教員の集合体)、学部という意味合いがある。一般に、ファカルティ・デベロップメント (FD) という場合、大学・学部・学科およびその構成員が自らの水準を高める努力を指す。すなわち、FDとは、大学教員の能力開発 (水準の向上) と理解されている。筆者は、南フロリダ大学教授法開発センターでFDワークショップを受けた。そこでのFDワークショップとは、日本のものとは異なるものであった[3]。

　なぜ、FDが必要になったか。これは大学の大衆化にともない、学生の理解力や批判力が低下したこと、学生が明確な問題意識や目的がもてず、学習意欲が欠落したことに起因する。大学は高校と違い、学びたいものだけが選抜され入学したが、近い将来には、すべてのものが入学できる「全入時代」が到来する。まさしく、高校と大学の垣根がなくなり、多様な学生が大学に入学してくる。そうなれば、教員は誰に、どこに照準を合わせて授業すればよいかわからなくなり、どのように教えたらよいか教授法が問われることになる。このような大衆化の現象は、アメリカでは10数年以上も前にみられた。南フロリダ大学のように、州の税金で支えられる大学は、市民の子弟を入学させる義務がある。そこでは、何を教えるかではなく、どのように教えるかという効果的な教え方に対するアカウンタビリティ (説明責任) が問われた。このような社会的背景から、FDという考えも生まれた。「全入時代」を迎えようとしている日本社

会において、学習者を支援する授業形態に移行することは必至である。

　大学生の「学力低下」が、社会問題としてクローズアップされ、どの大学でもその歯止めに苦慮している。初年次教育の「リメディアル教育」も重視されているが、果たしてそれだけで「歯止め」になるだろうか。今、大学改革で急がれるのは、アメリカでの経験を生かして授業改善のためのファカルティ・デベロップメントを積極的に行うことである。大学教員は、「選抜」された学生を教えたことはあるが、動機づけの難しい学生を教えた経験に乏しい。「何を教えるか」は知っているが、「どう教えるか」は知らない。その点では、初等・中等学校の教員の方が、優れた教授法をもっている。アメリカにおいて、初等・中等学校の教員経験者が、大学教員として歓迎される社会的背景がここにある。

　そもそも、大学全入時代とは、日本の大学が大衆化の進展により、1990年代以降の大学や学部などの新設ラッシュや少子化などの影響もあいまって、2007年に入学希望者が入学定員を下回る状況を迎えるとしてクローズアップされたもので、教育界では独自の「2007年問題」として取り沙汰された。そこでは、大学進学予定者の数が、実際の大学の募集定員の総数を下回る事態が生じ、大学経営という側面から、市場原理によって大学が淘汰されるのではないかと危惧された。しかし、結果的には2007年の入試では、大学進学者の数が推計よりも増えたために「大学全入時代」に突入せず、2010年頃へと先延ばしになるとの見通しである。ここで問題にしているのは、大学の大衆化によって多様化した学生が多く入学してくるという意味での「大学全入時代」である。多くの私立大学では、定員割れの危機に瀕して、学生確保を最重要課題として取りあげ、大学経営の維持のために推薦入学枠を拡大している。その結果、入学者のうち推薦入試（アドミッションオフィス＝AO＝入試も含む）入学者の割合が急増して、全体の半数近くに達するなど、AO入試が定員確保の手段と化している。推薦入学とは本来、多様な学生層を入学させることで大学教育を活性化することが目的であるにもかかわらず、事柄の本質を見失っている。そして、どの大学も学生確保に「血眼」になり、入学

後の対策が後手に回っている。推薦入学枠で入学させた学生の学力と一般入試の厳しい受験競争で選抜された学生との間に歴然とした学力格差があり、これを放置した状態で授業を行っても機能するはずがない。今後は、教員と学生がともに「授業を創る」という意識改革が不可欠である。大学は学生を入学させた以上、十分な学習環境の下で教育を受けさせる責任がある。学生が学習を怠るからなどの責任転嫁は通用しない。「大学全入時代」の到来は、教員が自らの授業を省察する良い機会である。

　日本でFDが注目されたのは、大学審議会の答申『21世紀の大学像と今後の改革方策について──競争的環境の中で個性が輝く大学──』(1998年10月26日)で、「各大学は、個々の教員の教育内容・方法の改善のため、全学的にあるいは学部・学科全体で、それぞれの大学等の理念・目標や教育内容・方法についての組織的な研究・研修（ファカルティ・デベロップメント）の実施に努めるものとする旨を大学設置基準において明確にすることが必要である」と具体的に提言したことに端を発した。とくに、国立大学での動向は顕著であった。その結果、「横並び」で形式的なものに陥り、なぜFDが必要かの議論が欠落した。

　文科省高等教育局のデータによれば、ファカルティ・デベロップメントを実施している大学は、年々増加し、2003年現在、482大学(69%)で実施している。そこでは、FDを「教員が授業内容・方法を改善し、向上させるための組織的な取組の総称」と定義づけている。具体的な例として、新任教員のための研修会、教員相互の授業参観の実施、センター等の設置などがあげられ、必ずしも教授法の改善にまで至っていない。

　FDのことを「フロッピーディスク」の略だと勘違いした教員も少なくなかったが、爾来、急速に普及し、現在ではFDを知らない教員はほとんどいない。しかし、その理解レベルは、未だ「フロッピーディスク」程度に過ぎないとの批判もある。北海道大学高等教育機能開発総合センター小笠原正明は、FDについて「大学教員は、教育の現場で日常的に学生に接することにより、学生の勉学のみならず態度・習慣の形成に重要な役割を果たす。大学教員の職は、学校で生徒を教える教員や、病院で

患者のケアをする医師と同様、専門的な知識と訓練を必要とする専門職である。大学教員は、それぞれが専門とする分野の専門家を自認しており、その資格を有するが、教員に関しては専門家としての自覚がなく、資格の審査も行われていない」[4]と分析している。

北海道大学教育ワークショップは、優れた実績をあげている。詳細は、拙稿「北海道大学ワークショップから学んだこと」(『21世紀教育センターニュース』(弘前大学)第6号、2005年4月)を参照してもらいたいが、日本におけるFD活動の起源は、医学教育への反省にまで遡るもので、医学部におけるFD活動には参考になるものが少なくない[5]。

FDとは学生を授業に効果的に導き、意欲的に学習させる教授法について研修することであるから、学生が主体的に参加するFDワークショップが望ましいことはいうまでもない。たとえば、秋田大学教育推進総合センターが、積極的に取り組んでいる独自の全学FDワークショップは注目に値する[6]。同大学の全学FDワークショップの実施要綱に掲げている「目的」によれば、学習者中心の大学教育を行い、幅広い教養と深い専門性、豊かな人間性と高度の倫理を備えた人材を育成することを中期目標の一つに掲げ、この目標達成の方策の一つとして、成績評価・授業デザインに関するワークショップを実施している。授業デザインも学生参加型授業を中心とするもので、「学習者」中心の授業の充実に資することを目的として2004年度から実施され、2006年度は30名の教員に加えて、20名の学生の参加協力を得て実施されている。このワークショップは、2003年度に採択されたGP経費等で学生の参加費を負担している。

このように、FDのあり方は個々の大学の教育理念を具現化したもので、大学によってFDの取り組みが違ってもよい。ファカルティ・デベロップメントを「継続的教員開発」を目指すものとの訳もある[7]。また、必ずしも大学教員だけの資質向上に限定する必要もない。たとえば、大阪府立大学では、「大学の教育を良くするための組織的な取り組み」と定義づけている。そこでは、「カリキュラムの整備、学生の履修指導、

授業時間外の学習指導といった直接的なものだけではなく、図書館の自習室のスペースを拡充してTAを配置するといった学習環境の整備も含まれます。(後略)」と捉えているように、図書館の拡充を含む学生の能動的学習も促進している[8]。21世紀は、大学の全入時代が加速し、FDが不可欠となる。FD活動のあり方に大学の生き残りがかかっているといっても過言ではない。

アメリカにおいては、「ファカルティ・デベロップメント(FD)」という表現が用いられなくなっている。それは、大学教員から「反感」を買っているからである。「デベロップメント」には、「発達する」の意味合いも包含されていて、教員の多くは、教授法を「デベロップメント」する必要はないと考えている。日本の大学が、アメリカのFDを参考にする場合は、PFF(Preparing Future Faculty)[9]のように、将来、大学教授職を目指すための研修プログラムが参考になる場合が少なくない。

FDに替わって、プロフェッショナル・デベロップメントの表現を用いたり、ティーチング・エクサレンスと称したりしている。すなわち、FDは大学の授業改善の総称であって学生の参加も不可欠である。

V 高大連携

1 日本における高大連携

2004年度の「特色ある大学教育支援プログラム」で採択された中央大学商学部の「実学理念に基づく高大接続教育の展開」は、高大接続教育、入学準備教育、学部教育の3つを柱として、高校教育から入学準備教育を経て入学後の学部教育までの一貫した教育体系プログラムを提供している。

弘前大学においても高校との連携を強化するために、学部説明会、出張講義、高大連携セミナー、1日体験入学等による充実を図り、高等学校との連携を強化し、大学への進学を促進している。しかし、中央大学における取り組みは、18歳人口の減少という学生確保が困難な状況の

なかで、「高大接続教育」という視点から、大学から高校への「出前」教育だけでなく、入学後に履修科目を単位として認定するなど、学生確保も視野に入れたもので、経営的戦略としても見逃せない。そこには、私立大学の柔軟な取り組みがみられる。

『毎日新聞』(2006年4月9日)は、埼玉県立高校6校の生徒が埼玉大学で、在学生とともに講義を受け、単位を取得できる「高大連携講座」が12日からはじまると報道した。これは修得した単位が、大学進学後に「既修得」として認定されるもので、大学および高校側双方とも「学ぶ意識の向上につながる」と期待されている。単位は、他大に進学した場合でも認定される。講義は、高校の授業との重複を避け、午後4時以降に設定されている。生徒は、学内の図書館や大学生協も利用でき、「大学教授の講義を受けることは、生徒たちにとって励みになる」との評価に繋がっている。高大連携は、高校生が充実した施設を使って大学の講義が受けられるメリットがある一方、学生減に悩む大学側には高校生との結びつきを強め、志願者増を図る狙いもある。

アメリカの大学には、「エンロールメント・マネージメント(Enrollment Management)」というユニークなプログラムがある。学生人口の減少にともなって、限られたマーケットでどのように学生を確保するかがエンロールメント・マネージメントを必要とする社会的要因である。まさしく、現在、日本の大学の状況に近いもので、今後、このような考えが広まることは必至である。学生募集、アドミッション、リテンション、学生支援サービス等の一連の業務を組織的にマネージすることをエンロールメント・マネージメントの定義としている。すなわち、教育と学生との密接な繋がりが重要である。マイアミ大学は、エンロールメント・マネージメントの修士号もしくは修了証書を取得できるプログラムを提供している[10]。

前述の中央大学商学部は、高大接続教育、入学準備教育、学部教育の3つの柱を特徴とするが、さらに、合格者に対する入学事前準備においても、入学後の論文指導を前倒しで行うなど、手厚い保護の下で学生の

学習意欲を高め、入学後の授業を円滑に行う工夫や努力が行われている。

　中央大学商学部の「ベーシック演習」の特色は、「学生へのアカデミック・アドバイザー機能をもつ、基礎力を補強することを目的としたものである。文献・資料の探し方、レポート・論文の書き方、発表・討論の仕方（プレゼンテーション能力の向上）などを学ぶとともに様々なテーマについて共同研究を行い、論文を作成するなど、多角的な観点から大学教育での新しい学習の仕方を学ぶ科目である」と述べている。とくに、「様々なテーマについて共同研究を行い、論文を作成する」との指摘は、注目すべき特徴である。

2　アメリカの高大連携──シラキューズ大学「プロジェクト・アドバンス」

　アメリカでは、高大接続という視点で早くから取り組んでいる。周知のように、アメリカには「アドバンスド・プレイスメント（Advanced Placement, AP）」という制度があり、進学校であるプレップスクール（4年制課程）では、最終学年を大学進学の準備とするところが多い。高校に在籍しながら大学の授業科目を学び試験に合格すれば、大学の単位が履修できるシステムである。意欲ある生徒は、AP科目を早くから履修して大学教育に備える。高校のランキングも「アドバンスド・プレイスメント」の授業数と比例することが多い。

　2005年夏に訪問したニューヨーク州の有名な私立のシラキューズ大学は、独自のプログラムを開発して内外から注目されている。これは「プロジェクト・アドバンス（Project Advance）」[11]と呼ばれるもので、大学の教員が高校に「出前」授業するのではなく、シラキューズ大学が独自に高校の教員を兼任講師（Adjunct Instructor）として採用して研修させ、教員が所属する高校で生徒に大学の授業を教えて単位を授けるユニークな制度である。アメリカでは、高校の教員が大学で教えるために必要な最低資格の修士号を獲得しているので、このようなプログラムの開発が可能である。具体的には、高校の教員でシラキューズ大学の兼任講師を希望するものは、同大学に申請書を提出して書類審査に合格し、兼任講師と

なるための研修を受け、修了者には認定書が授与されるシステムとなっている。大学側は、教育の質を確保するために高校での授業を定期的に視察し、教員に指導・助言を与える。まさに、「高大連携」の新しい形態であって、高校と大学の授業が一体化している。このシステムは、高校のキャンパスで高校の教員から大学の授業が履修できるというもので、生徒も身近で受講でき、教員も大学の兼任講師として認定されるので身分の向上に繋がり、質の高い教育が提供できる。しかも、授業料がシラキューズ大学で単位履修する場合よりも低く設定されているので、学費の負担の側面から生徒の保護者からも好意的に受けとめられている。

　このシステムを導入することで、シラキューズ大学は高校からの入学者の確保に繋がると短絡的に考えてしまうが、実際、この制度の恩恵を受けて同大学に入学する生徒はわずかである。シラキューズ大学によれば、「プロジェクト・アドバンス」は、全米で高い評価を受けているので、他大学においてシラキューズ大学の知名度を高めることに繋がると評価している。

3　弘前大学の高大連携シンポジウム

　弘前大学21世紀教育センターでは、2006年度高大連携シンポジウム「文章を読み解く力と文書に表現する力」と題してパネルディスカッションを行った[12]。近年の学生の学力低下、とくに文書力の低下が危惧されるだけに意義あるシンポジウムであった。高校側からのパネリストの現状報告では、大学生の文書力低下の要因に関連して興味あるデータが紹介された。たとえば、「国語力」の低下は、学習指導要領にもとづく国語の授業時間数の減少からも明らかである。旧学習指導要領で学んだ1991年4月1日以降の中学入学者と現在の2002年4月1日以降の中学生との9年間の義務教育での授業時間数を比較した場合、329時間も減少している。すなわち、中学校での3年間の授業時間が失われている。そのような生徒が高校、そして大学に進学しているのが現状である。これは、週休2日制あるいは「総合的な学習の時間」の導入によって授業時間

数の削減を余儀なくされた結果で、「国語力」の低下を高校側だけに責任転嫁することはできない。

パネリストの郡　千寿子から、OECD（経済協力開発機構）の「学習到達度調査」（PISA〔Programme for International Student Assessment〕）にもとづく「読解力」についての興味ある報告があった[13]。『日本経済新聞』（2004年12月18日）も、「日本の子ども学力低下示す調査結果相次ぐ」「勉強『嫌い』『楽しくない』増加」と題して紹介しているが、郡の分析は示唆に富むものであった。たとえば、数学と科学は、世界最高水準であるのに対して、「読解力」はOECD平均と同程度の低い水準であった。日本の平均得点は、2000年調査では8位（522点）であったが、2003年調査では14位（498点）に低下し、韓国が2位に躍進している。この調査結果に誰もが首をかしげる。なぜなら、数学は2000年が1位、2003年が6位（香港が1位）、科学は2000年および2003年ともに2位（フィンランドが1位）と高位置につけているからである。

数字だけでは、実態はわからない。たとえば、『日本経済新聞』によれば、実際、PISAで好成績をあげた国について担当者は、「フィンランドでは教員免許を修士に限定し、韓国では国がしっかりした教育課程を作っている」と述べているように、国としての取り組みが違う。文科省は、教員養成の専門職大学院構想を打ち出しているだけに、この指摘は説得力がある。

原因はそれだけではない。「読解力」という概念にもある。たとえば、郡は、PISA型読解力を「自らの目標を達成し、自らの知識と可能性を発達させ、効果的に社会に参加するために、書かれたテキストを理解し、利用し、熟考する能力」と定義づけたうえで、その特徴を次の6項にまとめている。

1) 社会で直面する生きるために必要不可欠な実際的な課題が対象になる。
2) 通常の文章は六割に過ぎず、実用的な図表、地図などが四割を占める。

3) 従来の国語教育の枠を越えて、理科や社会科に関連する幅広い話題が含まれている。
4) 問題形式は自由記述式が四割で、自由記述問題の占める割合が、通常日本で行われる国語のテストよりかなり高い。
5) 読んだことについて、「書いてあることを根拠にして自分の意見を表現する」ことが求められる問題がある。つまり「読解と表現が融合した」問題がある。
6) 本文の内容について「批判する」ことが求められる。

上記のように、「読解力」は従来の国語教育の枠を越えたものである。高校の現場を見れば、上記5「書いてあることを根拠にして自分の意見を表現する」が求められていないばかりか、読んだ内容に即して解答するように指導されている。すなわち、PISAの「読解力」が求める能力と逆の能力が日本の学校現場で重視されている。これでは、日本人の「読解力」がOECD先進国に比べて低いのは当然である。この調査結果から、国際水準の「読解力（Reading Literacy）」の考えを一新した。

調査結果を受けて、文部科学省は2005年12月『読解力向上に関する指導資料』を出して、以下のように強調している。

　読む力を高めるには、テキストを肯定的にとらえて理解する（「情報の取り出し」）だけでなく、テキストの内容や筆者の意図などを解釈することが必要である。さらに、そのテキストについて、内容、形式や表現、信頼性や客観性、引用や数値の正確性、論理的な思考の確かさなどを理解・評価したり、自分の知識や経験と関連付けて建設的に批判したりするような読み（クリティカル・リーディング）を充実することも大切である。
　読解力は、国語だけではなく、各教科、総合的な学習の時間など学校の教育活動全体で身に付けていくべきものであり、教科等の枠を超えた共通理解と取組の推進が重要である。

文部科学省の『指導資料』は空しい。なぜなら、中学校や高校での「読解力」は受験と密接に結びついたもので、自分の意見を述べたり批判したりすれば、逆に低い評価に繋がるからである。文部科学省の措置は、現場の教員や生徒を混乱に陥れるだけに過ぎない。『指導資料』のような小手先の修正ではなく、入試制度の抜本的な改善が焦眉の急である。

弘前大学21世紀教育（教養教育）の「基礎ゼミ」は、以下の5つの到達目標を掲げている。

1) 自主的な学習態度を獲得すること
2) 課題発見能力を高めること
3) 資料（情報）の検索・収集・整理に関する基本的な技能を習得すること
4) 基本的な文章構成力・発表能力・討論能力などを獲得すること
5) 学生と担当教員、および学生相互におけるコミュニケーションの場を作り出すこと

とくに、4)の「基本的な文章構成力・発表能力・討論能力などを獲得すること」は、読解力の育成に繋がる。しかし、この目標は従来の学生を対象としたもので、2002年以降の「国語力」低下が危惧される現状では何らかの学習支援体制が不可欠である。

大学は、学力低下を高校側に責任転嫁し、社会は大学の責任にするなど互いに責任を擦り合っている。しかし、全入時代を目前に、大学は「読解力」に乏しい生徒を受け入れざるを得ない。大学の具体的な学習支援方策が急がれる。

VI 他大学における優れた取り組み

1 東北大学の「基礎ゼミ」

東北大学・大学教育研究センター『年報』（第12号、2005年3月）には、「少人数編成の学生を対象とする全学教育の『基礎ゼミ』が、本格的に開始されて4年が経過した。現在では全学的な協力体制も整い、その結果多

くの輝かしい成果が得られ、日本でも最も素晴らしい全学教育ゼミの一つとして自他共に認める程度に発展している」と述べている。

　東北大学の新入生に対する「少人数教育」は以前も行われたが、多くは学部ごとに開設され、学部所属の学生を対象にした、いわゆる専門教育への導入の感が強かった。一方、学部にかかわらず、全学の新入生を対象とした「少人数教育」も実験的に開設されたが開講数も少なく、100人以上のクラスも多く存在するなど、「少人数全学教育」は十分に整っていなかった。

　同大学の「基礎ゼミ」検討会議は、「基礎ゼミ」の定義と理念を「『基礎ゼミ』とは、学部に関わらず主として新入生を対象に全学的体制で行われる教育で、20人以下の少人数で、担当教員と学生、および学生相互間において Face-to-Face の親密な人間関係の中で、かつ学生の受け身ではない学生主体の下で行われる教育」と位置づけ、達成目標を以下のように定めた。

(1) 新入生の期待と意気込みに応え、学習や学問・研究への意欲を持続させ、それをさらに高める。
(2) 将来専門教育を学ぶにあたり、専門的閉鎖に陥ることのない広い視野と柔軟な思考力を培う。
(3) 学問のおもしろさと重要性、学問への取り組み方、調査・観察・実験の重要性、推論や思考方法とその表現方法、学問的討議や共同作業の仕方を学び、主体的に学問行動のできる能力を培う。
(4) 教員と学生、学生相互間の学問的、人間的関係を密にすることによって、大学人としての意識や人間関係を育み、今後の大学における学問生活と学生生活が軌道に乗るようにする。
(5) 大学を卒業した後も現代社会の知的市民として活躍できる教養・技法・倫理を身に付けた人材となる。

「基礎ゼミ」は、単位を2単位として20人以下の少人数教育を維持するために少なくとも130コマを開講し、総計260単位を割り当てる。

　「基礎ゼミ」での望ましい課題は、担当部局の専門科目的なものでは

なく、一般学生が興味をもてる課題、たとえば「稲」「水」「光」「貨幣」「言語」「記憶」のように文系および理系の両面から考察することができる学際的な課題とする。

「基礎ゼミ」の開講数については、「当面教員数に応じて各部局に一定の比率で割り当て、担当教員の責任において課題名や内容、あるいは分担協力者、開講の形式（集中など）を決める。研究所等からは『負担の増』という意見も強く出されたが、学生側からすればこれら世界に誇る研究所等の学問や施設、それに教員と、一部の専攻学生を除いては、まったく接する機会がないまま卒業するのも残念なことであり、研究所等の充実した総合大学としての利点からももったいないことである。研究上あまり負担増とならない方策を担当教員に考慮してもらうことで、了解を得た。その結果、東北大学の『基礎ゼミ』は制度的にも内容的にも一気に充実することになり、名実共に全国に誇りうるものとなった」と記載している。

東北大学の「基礎ゼミ」は卓越したもので、弘前大学21世紀教育でも「基礎ゼミ」に重点を置いているところから、『21世紀教育フォーラム』（創刊号、2006年3月）の「他大学の授業改善への取組の紹介」のなかで、東北大学の取り組みを紹介している。

東北大学の「基礎ゼミ」は、2006年文部科学省「特色ある大学教育支援プログラム」（特色GP）に採択された。『読売新聞』（2006年8月4日付朝刊）は、「新入生に対し、学部横断の約150講座を用意。15人ほどの少人数で、実験、調査、合宿などのゼミ形式の授業を実施する」と報道した。同「基礎ゼミ」の申請取り組みについての概要（案）は、以下のようである[14]。

　本学の「基礎ゼミ」は学生の学びを受験中心型から「大学での学び」へ転換させることを目的とし、新入生すべてが初年次第1セメスターに履修する。基礎ゼミは「大綱化」後に開講された転換教育科目を原型とし、本学の全学部が出勤する全学的支援体制のもとで運営されており、毎年200名を超える教員がこれに関与して150ほどのテーマが

提供されている。15名平均の学部横断型クラス編成の下では、実験、実習、調査、合宿等の多彩な授業が繰り広げられ、学生は特定の課題を調べ、発表、討論する中で「大学での学び」を体得していく。脱講義型少人数教育への学生の評価は高く、担当教員にとっても教育上の刺激を得る格好の機会であり、実践型FDとしても機能している。今後は、基礎ゼミの教育的成果を起点として、TAを活用した学習支援体制の更なる充実を図り、他の授業科目の教育方法刷新にも役立て、学生、教員、TAの3者連携による改善を推進していきたい。

さらに、取り組みを実施するに至った動機や背景の意義を以下のように強調している。

「『大学教育の大綱化』以降の全学教育について不断の改善努力が重ねられた結果、全学教育の狙いを、①現代人として生活し、また、専門を学ぶ上で共通の土台となる素養と技能、②人間形成の根幹となるような現代社会にふさわしい基本的教養や技法、③専門教育及び大学院教育を受けることができ、また、これらを通じて将来専門知識を応用できるよ

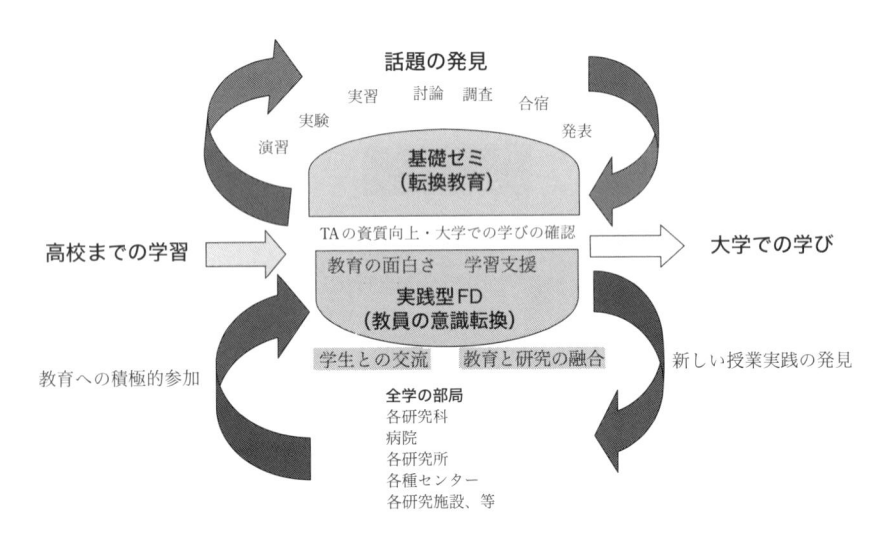

図序-1　取り組みの概念図

うな科学的知識を養い、これにより、専門的知識を実社会や高次の研究に生かせる、現代的で広い知見と豊かな人間性、国際性を身につけることであると明示した(「全学教育改革検討委員会報告」平成12年4月18日評議会承認)」と述べている。この取り組みは学士課程教育においても、「この少人数教育は、大学入学後の最初のセメスターで実施される。少人数教育において、学生達は、自ら工夫して調べ、他人と討論し、論理的にまとめて発表するなどの体験・参加型授業により課題探求能力を培う一方、教員や学生とのフェース・ツー・フェースの関わりの中から人間性を養い豊かな学生生活を身につけるなど、学士課程の始めに当たって、受験指向の高等学校での学習から『大学で学ぶ』ことについての自覚への転換が促がされている」と強調している。

図序-1が、取り組みの概念を示したものである。

2 佐賀大学の学生参加型の授業改善の取り組み

佐賀大学高等教育開発センター『大学教育年報』創刊号(2005年3月)によれば、同センターは、2004年4月に本格的な活動を開始し、6名の専任教員を採用した。それらは、教養教育部門(教授・講師)、企画開発部門(教授・助教授)、教育支援・教育評価部門(教授・講師)からなっている。佐賀大学では、中期目標の柱の一つに「教育先導大学」を標榜したことで内外から注目されている。

佐賀大学高等教育開発センターは、愛媛大学の『FDハンドブック』と同じように『持って来んしゃい 授業改善案』(授業改善学生会議報告書)(2005年3月)を刊行している。趣旨については、「高等教育開発センターでは、平成16年4月に本格的に活動を開始して以来、大学改革に寄与するために、FD・SDフォーラムを開催して参りました。その一環として、平成16年12月8日に、全国初の『授業改善学生会議』を開催しました」と記されている。

佐賀大学は、「教育先導大学」をスローガンに、国立大学法人化後の大学改革に取り組み、①学生の声を聞く、②学生と教職員の協働による

授業改善を図る、③授業改善による大学改革を進める、④学生の主体的な参加を促進するとの認識に基づき、学生と教職員の協働による授業改善を図ることを目的として、「授業改善学生会議」を企画している。全学部の全学生に授業改善案を公募した結果、60編を超える応募があり、そのなかから5編を優秀作として選考している。優秀作に選ばれた5編以外にも注目すべき改善案が多くあったことから、2004年度のFDハンドブックとして公刊している。その項目内容は、「授業改善」「授業内容」「施設設備」「学生サービス」、そして「キャンパス交流」に分類されている。

優秀賞を受賞した学生には、副学長から賞状が授与される。また、「授業改善学生会議」で優秀賞を受賞した学生が、各々授業改善案について発表している。

『授業改善のアイデア』冊子も発刊し、「授業改善の3つのポイント」として、1) 学生の参加意欲を高める学生とのコミュニケーションの工夫、2) 視聴覚機器やITを活用した工夫、3) 教授スタイルの工夫をあげている。佐賀大学のFDの特徴は、「学生」に焦点が当てられていることである。そのため、1) の「学生の参加意欲を高める学生とのコミュニケーションの工夫」では、①調べ学習の導入、②課題を設定した演習、③グループ学習、④対話式の授業、⑤学生による発表と討議、⑥授業の感想や質問を自由に書かせる、⑦講義に関するコメントの実施をポイントとしてあげている。さらに、3) の「教授スタイルの工夫」でもポイントをあげているが、なかでも注目すべきは、「ソクラテスメソッドに近い双方向講義形式」である。これは、予習が前提の講義であることをシラバスに明記するというもので、ソクラテスメソッドに近い双方向講義を100人前後の講義でも実施している。もともと、ソクラテスメソッドとは講義ではなく、教員と学生との闊達な対話を通した授業形式で、最初に結論を言わず、対話のなかから答えを見出していくもので、ハーバード大学ロースクールのような法科大学院の授業方法として注目されている。これは1) の学生の参加意欲を高め、学生とのコミュニケーションを図るうえで効果的であり、「単位制度の実質化」を促進する有効な措置である。

3　山形大学の取り組み
(1) 公開授業＆検討会

　文科省データにもFD活動の取り組みとして「教員相互の授業参観」の項目があり、各大学でも増加の傾向にある。また、「学生による授業評価」を授業改善に繋げる大学も近年増加している。この分野において、山形大学は先駆的かつ顕著な成果をあげている。同大学が、本格的にFD活動に着手したのは2000年度からというから、その発展ぶりには目を見張るものがある。「学生と教員による授業改善アンケート」の項目からもわかるように、教員によるアンケートも同時に行っている。さらに、注目すべきは「公開授業＆検討会」を同時に行い、活動状況を報告書にまとめて刊行していることである。

　同大学では、FDを教員集団の資質向上と位置づけ、その目的を教育改善、とくに「授業改善」に限定している。さらに、FDの理念についても「相互研鑽」を掲げ、教員同士の研鑽をあげている。

　拙著『戦後日本の高等教育改革政策──「教養教育」の構築』(玉川大学出版部、2006年)の「あとがき」で、山形大学高等教育研究企画センターにおける「授業改善クリニック」創設のユニークな試みを検討していることを紹介しているが、同大学は、学生による『授業改善アンケート』を「授業の診断書」と位置づけ、授業改善を「臨床的」に扱い、授業改善へのステップとして『学生による授業改善アンケート』によって授業を診断している。それは、授業改善のための処方箋として「公開授業と検討会」をセットで行い、次に、授業改善の評価のために『学生による授業改善アンケート』を行うサイクル活動となっている。

　「公開授業と検討会」が有効であることは疑いないが、誰が公開授業をやるかとなると容易ではない。そこで、同大学では大々的な「公開授業＆検討会」から、ピアレビューの「ミニ公開授業＆検討会」に変えて普及徹底している。これなら教員が「肩肘」をはらずにできるので協力してくれる教員もいるとして、そこでの積み重ねを重視している。

　山形大学における事例が成功している理由の一つには、わざわざ教室

まで行かなくてもインターネットを利用して公開授業を参観できる利便さにある。また、授業終了後、講義の録画配信も行われるので、空き時間を利用して参観することができる。

　なぜ、山形大学では、このように優れた授業改善を矢継ぎ早に達成できるのだろうか。これは、同大学の学長の教育理念が反映されているからではないかと思われる。たとえば、『教養教育：授業改善の研究と実践——平成17年度山形大学教養教育改善充実特別事業報告書』(平成18年3月)の巻頭言「広い視野で教養教育のことを考えよう」と題する仙道富士郎学長の提言は、将来の教養教育のあり方を考えるうえで示唆に富む。少し長い引用になるが、以下に紹介する。

　　そもそも学部教育とはいかにあるべきものであり、それとの関係で教養教育はどうあるべきかといった大丈段(ママ)に構えた論立てが、いま求められているのではあるまいか。
　　従来、教養教育の問題は、常にいわゆる専門教育との関係で論じられており、いわば一定の大きさのパイをどう切り分けるかが問われていた。しかし、今問題にされているのは大学教育全体に関する本質論であり、どんな味のパイを作るか、その上にどんなトッピングをするかということである。
　　医学部のように極めて専門性の高い職業人を育成する教育は除いて、一般的な話として、それほど専門性の高い教育が学部教育段階で必要なのかという議論がいま盛んに展開されている。いわゆるリベラルアーツ型大学の勧めである。企業側がそのようなことを許さないだろうとお考えの方もいるかもしれないが、経済同友会教育問題委員会委員長の方が、「"答えのない問題"を徹底的に考えさせるリベラルアーツ型大学の増加を期待する」と述べている。
　　私は何も財界の人たちの要望に応えなくてはならないなどと言おうとしているのではなく、教養教育・専門教育・大学院教育の総体としての大学教育を根本的に考え直さなければならない時期に来ているの

ではないかと問いたいのである。大学院問題を今年の重要課題の一つとしてあげているが、遠く離れているように見える教養教育と大学院教育を、一つの舞台の上で舞わせるといったことも必要かと思う。

　要するに広い視野から教養教育を考え直そうという一つの提案である。

(2) 公開授業＆検討会の留意事項

　授業改善の一環として、多くの大学で「公開授業や検討会」を考えているところが少なくない。山形大学高等教育研究企画センターは、そのための留意点を経験的にまとめている。これは、これから導入を検討している大学にとって参考になると思われる。以下が留意点である。

1) 「公開授業・検討会」を通して、授業者が授業改善に利用することはもちろんのこと、参観者も公開授業での良いところを発見し、自らの授業に活かすように心がけること。
2) 授業者は、普段通りの授業に心がけること。参観者は授業に介入しないこと。参観する位置についても考慮すること。学生の注意が参観者に向かないようにすること。
3) 参観者は、学生と一緒になって授業だけに集中しないこと。授業の内容や授業者の行動の変化によって学生は敏感に反応するので、授業中の反応をみること。学生は、どのようなときに授業に集中し、どのようなときに集中力を失うかを観察すること。参観した授業が15回のなかの1回であることに留意すること。
4) 教室の環境などにも留意すること。
5) 検討会では、参加者が授業を褒めることからはじめること。

1章　授業シラバスの見直し

I　授業シラバスの問題点

1　学習形態の変化

　授業シラバスは、教員が学生と交わす「契約書」あるいは「同意書」の意味合いをもつ重要なドキュメントである。国公私立大学におけるシラバスの実施状況には著しい進展がみられるが、果たして、十分に機能しているといえるだろうか。授業シラバスの作成には、周到な準備と膨大なエネルギーが必要である。これは授業全体のシミュレーションであって、授業シラバスが完成すれば授業計画が固まったも同然である。

　授業シラバスは、学生のためだけと考えがちであるが、教員にも重要な指針となる。これまでのように、授業シラバスが伝統的な講義を中心としたものでなく、学生の学習を中心とする能動的なものが求められている。たとえば、ニューヨーク州のシラキューズ大学の授業改善コンサルタント・グルーナート (Judith Grunert) がまとめた能動的学習のための授業シラバスに関する著書がある[1]。タイトルが示すように、学習者を主体とする授業シラバスについて書かれたものである。詳細は後述するが、なぜ、このような授業シラバスの形態に変わったのだろうか、その背景を探ってみる。

　アメリカの大学も日本と同じように、伝統的に講義中心の授業が主流であった。そこでの授業シラバスは、講義を中心として関連資料を事前に図書館で読んで授業に臨ませるものであった。

ところが、学習に対する考え方が大きく変貌し、日進月歩の目まぐるしい社会変化にともなって、学習内容がすぐに書き換えられる時代に変わった。とくに、医学などの最先端科学の分野は顕著であった。医学書が古本屋で売れない理由もここにある。それに従って、臨床医学教育の分野において、PBL (Problem Based Learning：自己開発型学習) が注目されるようになった。これは、1969年にカナダのマクマスター大学(McMaster University) で創設されたもので、医学の進歩に即して医学生が自己主導型学習・自己評価能力を身につけること、学んだ基礎的な医学知識を患者の診療に応用できるようになること、医療チームや患者とより良い関係を構築できるようになることを目指したものである。PBLを中心としたカリキュラムは、医学教育界に多大な影響を与えるとともに、学習に対する考え方に変化を促した。図1-1「学習ピラミッド(Learning Pyramid)」は、アメリカのNational Training Laboratoriesの調査にもとづい

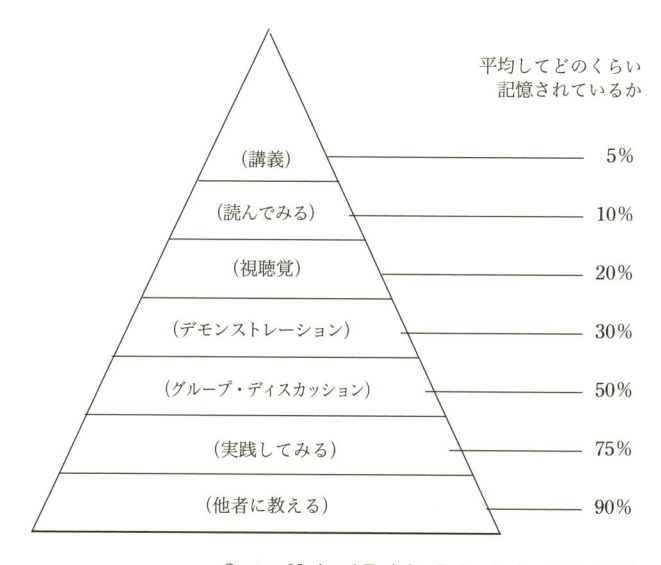

平均してどのくらい記憶されているか

（講義） — 5%
（読んでみる） — 10%
（視聴覚） — 20%
（デモンストレーション） — 30%
（グループ・ディスカッション） — 50%
（実践してみる） — 75%
（他者に教える） — 90%

Source: National Training Laboratories, Bethel, Maine.

図1-1　学習ピラミッド

たデータである[2]。この図をみて、多くの教員は、「講義」の効果が低いことにショックを受けるであろう。

「講義」を聴いただけの知識は、ほとんど記憶に残らない(5%)ことがわかる。「教えた」あるいは「学生が理解したはず」というのは、教員の独りよがりな満足と錯覚によるものであったことになる。これを「プロフェッサー症候群」と呼んでいる[3]。

PBLでは、教員が学生に課題を出し、学生が自主的に学習して授業の準備をするもので、1つのテーマに対して幾つかのグループに分かれて、作業を分担して授業を行うが、主に学生同士の質疑応答で授業が進行される。教員の発言は10%以下が原則である。

図1-1から、グループでディスカッションしたり、実践したり、他者に教えたりする能動的行動による知識は、記憶として長く残りやすいことが明らかであり、学習形態の抜本的な変革が焦眉の急となっている。これは医学分野だけでなく、すべての領域においても共通する。

その結果、アメリカの多くの大学では能動的学習が注目されるようになった。アメリカの高等教育の権威者ボイヤー (Ernest L. Boyer) は、「すべて真の学習なるものは、受動的ではなく能動的な性格を持つ。そこではたんなる記憶力ではなく、精神(マインド)の働きがなければならない。学習とは発見の過程であり、そこでは教師ではなく学生が主役になる」[4]と述べている。

2　授業シラバスとは何か

授業シラバス (Course Syllabus) の語源は、「ラベル」あるいは「目次」を意味する。*The American Heritage Dictionary* によれば、シラバスは教科課程 (Course of Study) の概要と定義されている。シラバスには、授業概要、講義日程の多くの情報が含まれるが、基本的な目的は、学生に何の授業かを教員自身のティーチング・フィロソフィ（授業哲学）にもとづいて書かれているものでなければならない。授業の到達目標は何か、到達目標を測定するためにどのような試験を課すかなど、教員と学生のコミュニ

ケーションを円滑にするためのものでなければならない。たとえば、「この授業をどうして教えるのですか？」「この授業は、大学あるいは学部・学科でどのような役割を担っているのですか？」「他の科目とどのような関連があるのですか？」「学生に何を学んでほしいのですか？　何のためですか？」「授業では、学生が何を身につけたといえますか？」などを自問自答しながら、授業シラバスを作成する必要がある。

　授業設計では、学生が何をどの程度（どこまで）身につけたかを明確にするが、これは大学の理念・目標とも密接に関連するもので、大学の基本的な理念が明確でなければならない。国立大学には、私立大学のように「建学の精神」のようなものがないことから、法人化後の国立大学では、独自の教育理念を鮮明にすることが求められる。大学の理念が明確になれば、授業方法および授業の評価基準も自ずと決まってくる。授業シラバスには、科目としての理念・目的、到達目標、授業の展開（各回の授業内容）、評価内容の把握、予習、学習計画の多くを含むことができる。

3　授業シラバスの混乱

　授業シラバスは、1990年代の全国的な大学改革の流れのなかで多くの大学で導入された。大学審議会の答申『21世紀の大学像と今後の改革方策について――競争的環境の中で個性が輝く大学――』（1998年10月26日）において、「個々の授業の質の向上を図るに当たっては、シラバスの充実等の取組が重要である」と具体的に提言されたことがその発端となった。

　図1-2の2005年文部科学省高等教育局「大学における教育内容等の改革状況について」の「シラバスの作成状況」調査によれば、2003年度現在、690大学（約99％）がシラバスを作成している。しかも、達成率は国立大学において顕著である。果たして、シラバスの普及に比して、授業改善が十分に行われているかどうか疑問が残るところである。というのは、なぜ、シラバスの改善が必要なのか十分な認識もないまま、時世に流されているからである。授業シラバスは、本来、教員独自のものでなけれ

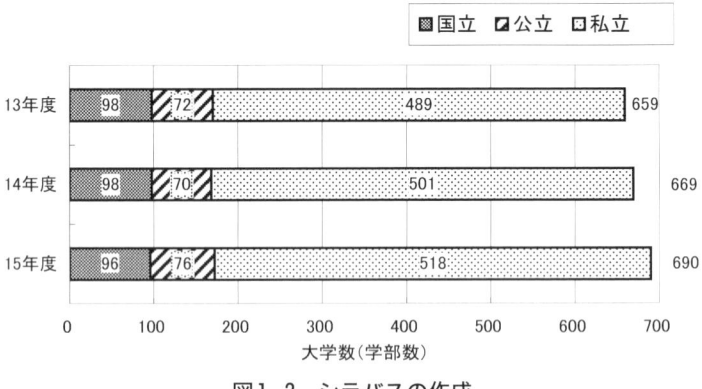

```
            ▧国立 ▨公立 ▧私立
13年度  98  72      489        659
14年度  98  70      501        669
15年度  96  76      518        690
        0  100 200 300 400 500 600 700
              大学数(学部数)
```

図1-2　シラバスの作成

ばならないにもかかわらず、冊子として画一的に記載されている。

　名古屋大学高等教育研究センター池田輝政・他著『成長するティップス先生』(玉川大学出版部、2001年)のなかには、「1990年代半ばからニホン国全域で大学の一般教育科目の講義要綱(どういうわけか「シラバス」と呼ばれた)の類が軒並み肥大化するという奇妙な現象が生じた」と記され、この拡張現象を「デンワチョウ」[5]のようであると比喩している。

　大学における授業シラバスは、アメリカのものとは「似て非なる」もので、アメリカの大学の授業概要(Course Description)と授業シラバス(Course Syllabus)が混在しているため、中途半端なものとなっている。授業概要と授業シラバスは別なもので、それぞれの役割も違う。たとえば、授業概要の役割は、「①学生が受講科目を選択する際に、参考になる情報を提供する。②社会に対する大学のアカウンタビリィティ(説明責任)を果たすための情報を提供する」もので、記載される内容も簡潔(たとえば、10行以内)でなければならない。

　一方、授業シラバスの役割は、「①学生がその科目の学習を進める際のガイドになる。②FDにおいて科目を検討したり、他の科目との連携を図ったりするための資料となる」ものである[6]。

　シラバスの問題点については、福岡教育大学教育学部田中浩朗「Syllabusとは何か(仮)」に詳しい。田中は、大学として学外に公開する

のは授業概要のみとし、授業シラバスは各授業で学生に配布するほか、FDのために学内で活用するものと峻別すべきであると提言している。

　授業シラバスは、学生と教員との「契約書」であって、ウエブサイトで公開することには抵抗がある。もちろん、教員が学生の了解を得てウエブサイトで公開するには問題がない。授業シラバスは、履修登録した学生だけがもつ特権であって、不特定多数の人に公開すべきものではない。学生が、履修科目を選択するときに参考となる情報を提供したり、社会に対する大学のアカウンタビリティ（説明責任）の役割を果たしたりするのが目的であれば、授業概要だけで十分である。

4　授業シラバスへの学生の反応

　授業概要と授業シラバスが混在しているため、学生も混乱している。たとえば、弘前大学における「歴代の学生アンケート自由記述」のなかには、シラバスが授業改善にあまり役立っていないとの否定的な回答もみられた。たとえば、

- シラバスに記載している内容に忠実に講義を行ってほしい。シラバスの内容と実際の授業の内容が違う科目が多かった。
- 毎回授業を受けて思うのですが、シラバスと実際の授業内容があまりに違う授業があるのでシラバスの記載の仕方を考えた方がいいのではと感じた。
- シラバスの内容と異なる授業内容の科目があったが、シラバスを頼りに履修科目を決定しているので、やめてほしい。
- シラバスの内容と違う内容の科目がある。シラバスの内容を読んで履修することに決めたが、そのとおりの授業が行われないのであればシラバスは意味がない。学生の期待を裏切るものである。

　以上のように、授業内容とシラバスが異なるという苦情が寄せられた。弘前大学『21世紀教育活動・評価報告書』(2004年度)の学生アンケートの

「シラバス」に関するものを以下に紹介する。

問5. シラバスの内容と授業内容がマッチしている科目は多かったですか。
1. 多かった。　　2. かなりあった。　　3. 半分程度だった。
4. かなり少なかった。　　5. ほとんどなかった。

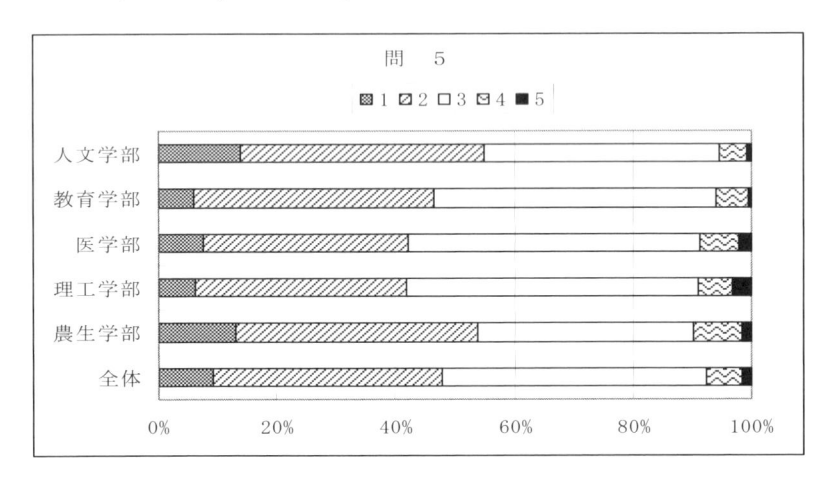

問　5
1　2　3　4　5
人文学部
教育学部
医学部
理工学部
農生学部
全体

問5の質問項目からわかることは、「多かった」「かなりあった」を合わせても47.8％しかなく、依然としてシラバスとマッチしている科目は半分に満たないと評価しており、2002年度後期(45.9％)と比べてもほとんど数字の上での改善はみられない。改善策でも、「至急、シラバスに書いてある内容と実際の授業内容を一致させるための具体的な改善策を考えなければなりません」と注意を促している。

2005年度の場合、アンケート項目は「それぞれの科目はシラバスと授業内容が一致していましたか？」と類似しているが、それらは学部を対象にしたものでなく、49テーマ科目のなかから平均とベスト3、ワースト3を取り上げて検証しているので、前年と比較することができないが、「平成16年度は21世紀教育が開始して3年目にあたります。この間の試行錯誤で、授業内容とシラバスとの整合性はしだいに向上しているものと予想されます」との評価に留まっている。また、「シラバスは教員と

学生との『契約書』にあたるものですから、本来はシラバスに沿った授業が行われなければなりません」とFDワークショップの研修成果も表れている。さらに、「開講の初期段階では、授業内容が当初の計画どおりにいかないことも想定されます」と現状のシラバスの問題点も指摘している。

　授業シラバスが、教員と学生の契約であるのならば、教員もそれを遵守して授業を進める義務がある。それにもかかわらず、データをみる限り、趣旨が周知徹底されていない。どこに原因があるのか。それは、現状の授業シラバスの「構造的欠陥」にある。現状のように、授業の数ヶ月前にシラバスを作成し、「冊子」にまとめて学生に配布するやり方では、授業内容を詳細に書くことができない。これでは、授業シラバスが講義の「概要」を示すだけのものになってしまい、本来のはたらきをしない。どのように周到に準備した授業シラバスでも、該当年度の学生の能力や授業の進捗状況に応じて軌道修正が生じてくる。そのためにも、「冊子」でなく、教員が授業シラバスを作成しハンドアウトして、軌道修正ができるものが望ましい。それが、本来の授業シラバスである。後述のように、「学期途中の学生からのフィードバック」を必要とする理由もここにある。

　「学期途中の学生からのフィードバック」を英語では、"Learning from Students"と呼んでいる。学生のフィードバックから学ぶ以外に、教員の授業改善の方途はない。

5　授業シラバスの作成状況

　前掲の『成長するティップス先生――授業デザインのための秘訣集』は、ベストセラーとなったが、授業改善のヒントおよびノウハウを多く提供している。さらに、名古屋大学大学教育研究センターでは、授業設計（デザイン）に積極的に取り組んでいる。応用編では、ゴーイングシラバス（ウェブ上でシラバス作成を行い、併せてその作成能力の習得・向上を図る）や全学的FD研修（授業改善ノウハウの伝達等）とともに、教員が自発

的かつ無理なく授業改善ができるように支援している。同センター「教員の自発的な授業改善の促進・支援——授業支援ツールを活用した授業デザイン力の形成」の取り組みは、2004年度の「特色ある大学教育支援プログラム」に採択された。

　大学におけるシラバスが注目されたのは、名古屋大学大学教育センターの貢献が大きい。しかし、アメリカではティーチング・ティップスとして1978年から注目されていた。マッキーチ (Wilbert J. McKeachie) *Teaching Tips: A Guidebook for the Beginning College Teacher* (D.C. Heath and Company, 1978) の著書が発端となった[7]。同書によれば、授業設計に向けての準備が授業初日の3ヶ月前から、授業シラバス草案作成段階としてはじめる周到なもので、最初の授業の2週間前には、教科書と図書館資料の点検、受講学生数のチェック、教室の点検が行われる。

　どのような情報をシラバスに含めるべきかの制約はない。少ないより多い方が良い。学生用授業シラバスに盛り込む情報を前掲の『成長するティップス先生——授業デザインのための秘訣集』は、以下のように紹介している[8]。

　これだけがすべてでない。必要に応じて増やしたり、削ったりすることができる。ハードコピーにして授業の初日にハンドアウトするのが一般的であるが、教員のウエブサイトで公開することもできる。

学生用シラバスに盛り込むべき情報

(1) コースの内容にかかわる情報
　　1) コースの目標
　　2) コースで扱うトピック
(2) 教員にかかわる情報
　　1) 名前・研究室番号・内線電話番号・メールアドレス
　　2) オフィスアワー
　　3) ティーチングアシスタント (TA) の名前、連絡先
(3) コースのスケジュールにかかわる情報

1) 各回で扱う内容
　　2) 各回までに読んでくる本の箇所の指定
　　3) 課題とその提出期限 (提出方法・提出先)
　　4) 授業時間外の活動 (見学・ビデオ上映など) のスケジュール
　(4) 受講生にかかわる情報
　　1) 受講に必要な知識・スキル
　　2) 受講資格
　(5) 評価にかかわる情報
　　1) 評価の基準
　　2) 評価の方法
　　3) 試験のやり方と期日
　(6) 教材にかかわる情報
　　1) 教科書とその入手方法
　　2) その他の補助教材 (コースパケットなど) と、その入手方法
　　3) 参考図書 (図書館での所在)
　　4) 参考になるホームページのアドレス
　(7) 受講のルールにかかわる情報
　　1) 資料配布のルール
　　2) 課題提出のルール

　そのほか、授業で配布するシラバスのなかに受講マナーを含むなど、学生と教員の「契約事項」を盛り込んで互いに確認しておくことも重要である。たとえば、
　(1) 授業中の私語、携帯電話、途中入室、途中退室はしない。
　(2) 時間どおりに授業を始め、時間どおりに終わる。
　(3) 資料配布のルールを決める。
　(4) レポート提出のルールを決める。
　(5) 授業時間外の指導についてのルールを決める。

II アメリカの大学における授業シラバス

1 学習者を主体とする能動的な授業シラバス

　アメリカの大学でも、多くの教員が授業シラバスの作成に周到な準備と膨大なエネルギーを費やしている。また、教員へのサポートも行われている。たとえば、ミネソタ大学授業・学習サービスセンターでは、ウエブサイトを通して授業シラバスの個別指導(Tutoring)を行っている。同大学の教員は必要に応じて、授業シラバスについてコンサルティングが受けられる体制になっている。同センターでは、授業シラバスのことを最も重要な「ドキュメント」と位置づけている。

　前掲のシラキューズ大学授業・学習支援センター授業コンサルタント・グルーナートがまとめた The Course Syllabus: A Learning-Centered Approach は、全米のベストセラーである。2005年夏、彼女に単独インタビューした[9]。彼女の著書は、従来の伝統的な講義中心の授業シラバスに代わって、学習者を中心とする新しいアプローチを採用しているところに特徴がある。そこでは、いかに学生を授業に参加させるかという視点から授業計画に取り組んでいる。彼女の著書のなかから、主なものを以下に紹介する。

　なぜ、能動的学習を中心とする授業シラバスへの移行がはじまったか。同書によれば、近年、教員の役割が従来の知識伝達から学習支援あるいはファシリテイター (Facilitator) へと移行している。伝統的な授業シラバスにおいても、授業目標を掲げていたが、学習者を支援する視点が不十分であった。伝統的な教授法は、講義や講読を中心に学習成果を試験で評価するものであった。ところが、近年の研究成果によれば、学習上の成功、知的発展、経験的事実認識にもとづく展開の理論および効果的学習の教授法は、能動的学習、共同作業、批判的・創造的な知的探求を重視することが有益であることが明らかとなった。能動的学習を中心とする授業シラバスでは、教員と学生が教室内外で重要な相互コミュニケーションを取ることが重視された。伝統的な授業シラバスでは、一方的な

情報の伝達に過ぎなかった。

　たしかに、能動的学習では予定した授業内容が網羅できないとの否定的な意見も聞かれるが、多くの教員が行う伝統的な教授法では、学習力を高めるには不十分であって、学生が習得した内容は試験が終わると忘れ去られるという欠陥がある。能動的学習では批判的思考力を重視する。このような批判的思考力を培わせるには問題、質問、議論を繰り返し、さらに、教科書や講義中心の授業から、課題中心の学習へと切り替えることである。

　多くの調査結果からも明らかなように、学生は教員とコミュニケーションを頻繁に取りたいと望んでいる。授業シラバスは、学生が教員とコミュニケーションを取るために必要な情報を提供する最善の媒体といえる。

　授業シラバスでは、教員が授業結果を重視するのか、それとも学習過程なのか、どのようなことを学生に期待するかを明確にしておくことが必要である。また、どのような授業計画なのか、どのような到達目標を掲げているのか、どのような学習戦略を用いるか、どのような判断基準を用いるか明確にしておくべきである。

　授業シラバスには、基礎必須科目(Prerequisite)、すなわち、どのような科目を事前に履修しておかなければ、この授業を履修できないかを明記しておくべきである。それによって、教員は授業全体の質を確保できる。

　授業シラバスは、教員と学生間の同意にもとづく相互責務と定義づけられ、大学側の責任も問われるが、教員の授業に対する苦言の防御ともなる。

　授業シラバスに授業概要を書くのは当然であるが、重要な機能は到達目標を明記することである。これには、「授業全体」の到達目標と「授業ごと」の到達目標とがある。授業全体の到達目標とは、「この授業を終えることで、以下のようなことができるようになる」というものであり、具体的な達成項目をあげる方法である。授業ごとの到達目標とは、「こ

の単元での目標は、以下のようなものである」というもので、具体的な項目を列挙する。これによって、教員も学生も授業の枠組みが理解でき、円滑な授業や討論を可能にする。

授業シラバスの「評価」部分は重要である。どのように学習過程が評価されたか、どのような基準にもとづく評価方法かを明記しておく必要がある。評価は評点を与えるだけではない。評価で重要なことは、学生の作品、論文に対するコメント、発表や対話に対するフィードバックである。最近、ラーニング・ポートフォリオが注目されているが、ラーニング・ポートフォリオは、教員にとって学生の学習過程がどのようなものかを知る重要なドキュメントとなる。学生も授業を「省察的供述 (Reflective Statement)」しながら、ラーニング・ポートフォリオとしてまとめることで、自らの学習過程を省みることができる。

2　コミュニケーションの役割を果たす授業シラバス

授業シラバスは、学生と教員との契約などと堅苦しく考えないで、コミュニケーションの手段であると考えることが大切である。そのような意図から、授業シラバスは、文語体よりも口語体で学生に語りかける口調で書かれる方が効果的である。アメリカの大学では、教員が学生に「手紙」の形でコミュニケーションを促すような授業シラバスもみられる。たとえば、「この授業を学生諸君が履修してくれることを歓迎します」というような柔らかい文章からはじまり、講義の内容、到達目標をわかりやすく説明し、最後に「学生諸君の健闘を祈ります」と結んでいる。このような方法は、学生の緊張を和らげ、教員に対して親近感を抱かせ、コミュニケーションを円滑にするうえで効果的である。

授業改善の一環として、日本の大学でもオフィスアワーの導入を促しているが、学生のことを考えない時間設定となっている場合が少なくない。教員と学生のコミュニケーションであると考えれば、オフィスアワーの時間設定は重要である。

サンディエゴ州立大学授業・学習センターは、授業シラバスに力を入

れている。同大学のウエブサイトのオフィスアワーには、教員の側から学生に呼びかけるものもある。たとえば、「連絡して！（Contacting Me）」、あるいは教員の方から「連絡します！（Contacting You）」のような積極的なアプローチもみられる。

　2005年夏、ミネソタ大学授業・学習サービスセンターを視察したが、同センターの「授業シラバス」でも、教員が学生とコミュニケーションを取りたいという熱意が読み取れる。たとえば、「遠慮なく相談にいらっしゃい。そのために給料もらっているのだから！」のような具合である。

　授業結果の成否の判断は難しいが、学生のフィードバックから窺い知ることができる。どのように周到に準備された講義であっても、学生からフィードバックがない授業は、評価されないというのがアメリカの大学である。日本の大学では、学生から質問されるのは、教員の準備不足であると否定的な評価に繋がるのとは対照的である。ここでも、教員を中心とする受動的な授業形態と学生を中心とする能動的な学習形態の違いが歴然である。質問を促す授業ができれば、学生の集中力を高めることができるはずである。

2章　授業シラバスの書き直し

I　授業シラバスの検討事項

1　ティーチング・フィロソフィ

　教員が授業をするうえで、ティーチング・フィロソフィ(授業哲学)が求められていると聞けば、多くの教員は驚愕するであろう。授業をするには、教員の授業哲学を明確にすることが重要である。これは、ティーチング・ポートフォリオの骨幹をなすもので、詳しくは後述する。授業哲学とは何か。たとえば、「なぜ、この授業をするのですか？」と尋ねられれば、多くの教員は学部や学科のノルマを消化するために「仕方ない」からなどと消極的な回答をするのが一般的である。このような回答では、この授業が誰にでも担当できるとの印象を与え、担当者から外され辞めさせられる羽目になる。授業シラバスにおいて学習目標や到達目標を明確にするためにも、教員のティーチング・フィロソフィは不可欠である。

2　学習到達目標

　サンディエゴ州立大学授業・学習センターでは、2004年春、同大学評議会で決議された「授業シラバス」の新方針によれば、授業シラバスのなかに「期待される成果(Outcome)」を明記することが義務づけられた。さらに、授業シラバスは教員が所属する学部・学科で保管されなければならない。

授業シラバスには授業概要や到達目標が記載され、具体的な授業内容および指定図書による予習・復習が事細かく記載されている。たとえば、授業シラバスの「行動目標」を明確にするために、「明らかにする (Identify)」「定義づける (Define)」「説明する (Explain)」「予測する (Predict)」などの具体的な「動詞」を用いるように指導している。良い学習成果を引き出すためには、具体的かつ的確な「動詞」を用いることが重要であるとの認識から、同センターでは「学習成果を引き出す360種類の動詞」を紹介し、授業シラバスを作成するときに参考にできるよう支援している。

　注目すべきは、同大学評議会で決議された新しい方針に従って、学習到達目標が6項目にわたって明示され、担当教員が署名 (たとえば、Dr. Kathy S. Williams というように) していることである。アメリカで署名する行為は、「契約」の効力がある。このことからも、アメリカの大学でいかに「学習到達目標」が重視されているかがわかる。これは、教員が授業にコミットしている証である。

3　授業内容

　具体的な学習目標および学習到達目標が設定されると、次に、授業内容をどうするかということになる。学習目標および学習到達目標の設定で重要なことは現実的であること、理解可能であること、測定可能であること、行動的であること、そして達成可能であることである。多くの場合、設定目標が授業内容と一致しなかったり、現実的でなかったり、測定不可能であったりする場合が少なくない。学生からの苦言の多くは、授業内容と評価方法が一致しなかった、あるいは授業シラバスと違ったというものである。

　弘前大学21世紀教育テーマ科目「国際社会を考える(D)──日米大学の比較から見た教育と研究の現状」の筆者の授業シラバスを、巻末に参考資料として添付する。この授業では、能動的学習を促進するため可動式机や椅子が使用できる教室を利用してグループ活動ができる授業形態

を取っている。また、「単位制度の実質化」を具現化し、「自学自修」を徹底させるために附属図書館に「指定図書」制度を導入し、事前に指定された課題を予習してから授業に出席するように指導している。また、授業全体の「達成目標」とは別に、授業ごとの「目標」も掲げている。

　この授業に対して、学生からの自由記述が届いた。結果は、予想以上に好意的なものであった。附属図書館で事前に「指定図書」を読むという試みも、能動的学習を引き出すうえで効果的であった。学生からの厳しいコメントも看過できない。たとえば、「指定図書」で予習したにもかかわらず、グループで十分な討論ができなかった。あるいは、教員が「喋りすぎ」などの批判もあり、痛いところをつかれた。この方法は、未だ模索中で講義主体の授業から完全に脱皮できない証である。これからは、時間を区切って講義の時間を少なくするように心がけたい。学生は予習・復習をせず、まして、「指定図書」の課題など読んでこないとの固定概念は捨てるべきである。たしかに、個々の学生を対象にした場合は、そのような消極的な態度がみられるかもしれない。しかし、グループごとで「指定図書」を読ませ、討論に導く方法を取れば、ピア・プレッシャーが働いて互いに切磋琢磨する。教員のプレッシャーに強い学生も、仲間の「評判」には弱いようである。

4　成績評価とGPA
(1) 成績評価

　成績評価は難しい。近年、学生の「学力低下」が指摘され、厳格な成績評価の実施が強調されている。弘前大学において1995年度に導入された「共通教育」では、成績評価の方法と基準が定められなかったために、同一授業科目であるにもかかわらず、成績評価に著しい差異がみられた。そこで、「21世紀教育」(教養教育)においては、科目区分ごとに「成績評価の方法と基準」を定め,成績評価を行っている。この点に関しては、2004年度弘前大学FDシンポジウムでも「授業評価と教育内容・方法の改善——教育力の向上と教育の質の保証——」と題して取り上げ、さら

に、2007年度からは、優の上に「秀」を加える5段階方式の成績評価が導入される。

　大学審議会の答申(1998年)や大学評価機関の評価内容でも、「厳格な成績評価」が強調され、どれだけ学生に学力をつけて卒業させるか、教育の質の保証が問われている。「21世紀教育」では、「成績評価の方法と基準」を明確にし、「基礎ゼミナール」では、評価基準点を80点とし、導入科目としての特性により加点・減点方法を採用している。すなわち、出席状況、受講態度、授業中の活動、レポート・課題・発表等への取組内容・構成の論理性、結果の妥当性、表現力等にもとづき加点または減点するというものである。他の科目においても「テキストの選定、授業内容、小テスト・レポートの評価基準、試験問題の難易度を検討し、工夫しなければならない。さらに、同じ内容の授業科目で担当者が異なる場合には、授業内容の摺り合わせを行い、科目内のバランスの調整・確保を図らなければならない」との留意事項が記され、「平均点」だけが強調されているわけではない。しかしながら、「歴代の学生アンケートの自由記述」には、「成績のつけ方が甘いと思う」「よい成績が楽につくのは、自分としてはうれしいが、これでいいのか？　と思う」「本当に学生はその成績に値するだけの理解・知識を身につけているのか疑問です」などと記されている。

　中央教育審議会『我が国の高等教育の将来像』(答申)でも、教育課程の改善や「出口管理」の強化を図ることが求められ、授業における達成目標を明示し、測定方法が厳しく問われ、授業シラバスというみえる形で提示することが求められている。

(2) GPA

　各科目の成績評価は基準化されるべきであるとして、アメリカの大学におけるGPA制度を採用することが推奨された。この制度は、学業成績の表記を国際基準に発展させることができるとして、1998年10月の大学審議会で答申された。しかし、全国でGPA制(厳格な成績評価)を実施している大学は、文科省の調査によれば、2003年度現在、**図2-1**のようで未だ

図2-1 GPAの導入状況（大学数）

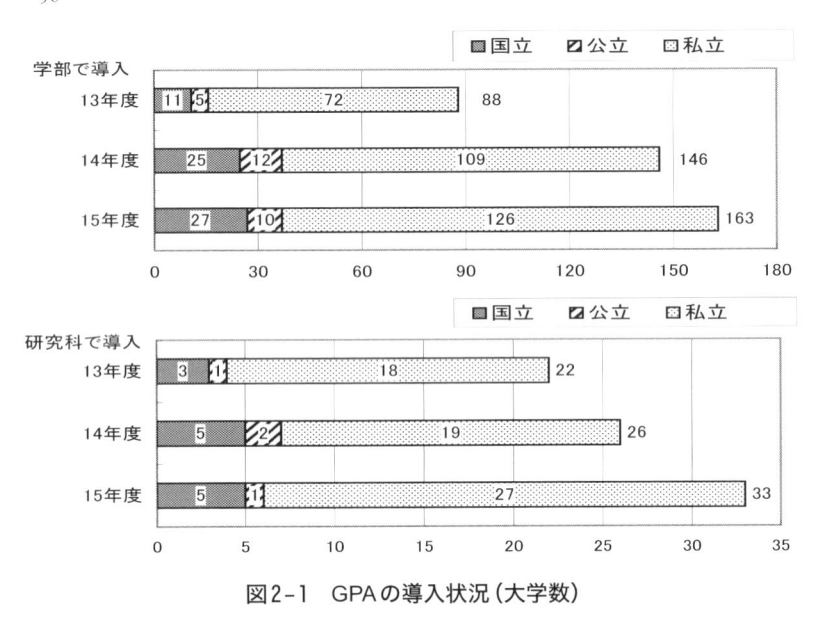

少ない。しかも、実施大学を検証してみると、圧倒的に大多数は成績を数値化し、平均点を出しているに過ぎず、GPAとしての機能を十分に果たしていない。GPAは、教育の質を保証するためのもので、アメリカの大学で教育の質が確保されているのは、100年以上にわたって教育の質と効率を管理するツールとして完成度の高いGPA制度が機能しているからである。

　GPAは単位制とも密接な繋がりがある。日本の大学における単位制の形骸化は久しい。単位制の詳細については、別途、述べるが、単位制の基本は、学生の自学自修にある。GPAを機能させるためには、授業シラバスなどの副次的な制度を整備することが先決である。そうでなければ、従来の秀・優・良・可を単に数字で表現するだけになってしまう。日本の大学でGPAを本格的に実施しているところは少ないために、参考となる大学はあまりないが、アメリカのリベラルアーツ教育をモデルとして新しく設置された秋田の国際教養大学が採択しているGPAによる成績評価は参考になる。

　同大学のホームページによれば、成績は試験および出席状況などを総合的に判断して評価される。特定の科目を除き、基本的に成績を5段

階（A、B、C、D、F）で評価している。A～Dは合格、Fは不合格となり、合格した場合は所定の単位が与えられる。

さらに、A～Fの各評価段階に4.0～0の評価点（Grade Point）を付与して、1単位あたりの評価点の平均値を算出してGPA（Grade Point Average：成績評価平均点）としている。GPAは、学生が学修するべき内容の理解度や進捗状況などを測る指標の目的であるとして、以下のように採用している。

修学成績点 （試験等；Score）	評価段階（Grade）		評価点（Grade Point）
90～100	A	(Excellent)	4.0
80～89	B	(Good)	3.0
70～79	C	(Satisfactory)	2.0
60～69	D	(Poor)	1.0
59点以下	F	(Failure)	0

GPAの計算方法には、学期GPAと通算GPAの二つがある。

（学期GPA）

$$\frac{(その学期に評価を受けた科目で得たGP)×(その科目の単位数)の合計}{(その学期に評価を受けた科目の単位数の合計)}$$

（通算GPA）

$$\frac{〔((その学期に評価を受けた科目で得たGP)×(その科目の単位数)の合計〕の総和}{(その学期に評価を受けた科目の単位数の合計)の総和}$$

（＊GPAの計算は、小数点第3位以下を切り捨てる）

同大学の具体的な事例を算出例から以下に示す。

履修科目 (Course)	評価段階 (Grade)	評価点 (GP; a)	単位数 (Crds; b)	換算値 a×b	GPA
英作文Ⅰ	A	4.0	3	12.0	
代数学	C	2.0	4	8.0	
言語学	B	3.0	3	9.0	38.0÷15≒2.53
中国語Ⅰ	B	3.0	2	6.0	
国際関係論	D	1.0	3	3.0	
計			15	38.0	

　5段階評価のほかに、特定の科目については合格か不合格かのみで修学内容を評価する「パス／フェイル」がある。これらの科目に合格した場合には所定の単位が与えられるが、評価点はつかない。不合格の場合も、GPAの算出対象にならない。

　進級や卒業に対してもGPAが機能している。たとえば、同大学では次のような条件に該当する学業成績の著しく不振な学生に対して、退学勧告等を行う場合があるとしている。

　(1) 退学勧告：2セメスター間連続してGPAが2.00を下回った場合
　(2) 自主退学：3セメスター間連続してGPAが2.00を下回った場合

　また、卒業要件として各セメスターにおけるGPAの平均値が2.00以上であることが求められている。

　各学期のGPAとして一定期間(学年、学期、総修学年度)表記され、様々な場所で利用される。たとえば、前記の国際教養大学では、2に満たなければ退学勧告をしている。国際教養大学で注目されるのは、GPAなどの厳格な成績評価基準が大学のホームページで公開され、受験を目指す学生に事前に知らされていることである。当然のことながら、同大学への受験生は、そのことを承知のうえで入学することになる。しかし、GPAは教育の質を保証するためのものであるから、単に、ABCの成績だけではなく、より厳密に＋－でもって評価することが望ましい。また、成績評価の公平性を確保するために、たとえば、後述のカナダのダルハ

ウジー大学が採択しているように、大学としての成績評価基準を明確に示すべきであろう。

また、他大学などでは3.0以上であれば奨学金、優秀であれば受賞、交換留学派遣の対象としているところもある。他大学へ転学するための指標としても利用できる。何よりも国際基準であるので、海外に留学するときに便利である。

GPA制度は履修上限（CAP）を決め、学生に履修制限の趣旨を理解させるうえで説得力があり、効果的である。たとえば、桜美林大学の場合、GPA制度を利用して学生の履修上限を徹底している[1]。CAP制は、大学の単位を実質化させるために導入された制度である。

大阪府立大学高等教育開発センター高橋哲也は、「GPAとCAPについて」（『フォーラム』創刊号、2005年）と題してわかりやすく解説している。たとえば、CAP制の趣旨について「24単位をとるには45×24＝1080時間が必要です。大学の授業時間は、1.5×15×12＝270時間ですので、残りの810時間が授業時間外の学習です。夏休みなども含めて26週で割るとして、毎日、4時間半は授業時間外の勉強が必要だということになります」と述べ、履修上限を定めた理由を説明している。

さらに、日本の大学における成績評価の曖昧さを指摘し、単位を集めて卒業させる現状を批判し、GPAの「可」（GP＝1）ばかりでは駄目で、2が一つの目安となると述べている。そして、「成績評価、授業内容の学生への提示ということを事前に『シラバス』で学生に周知することは教員としての当然の責務となります」と注意を喚起している。

たしかに、成績評価や単位認定は学生のフラストレーションの原因となる。現在は、GPA制度を導入している大学が少ないので、学生は「合否」だけを問題にして実際の点数にあまり関心を示さないようであるが、GPA制度が導入されれば、点数を巡って教員と学生間で「葛藤」が生じることは避けられない。したがって、成績評価の方法は、教員と学生の間で事前に契約しておくべき事柄である。成績評価の方法と基準は、授業科目をデザインするときに周知徹底するものである。なぜなら、成績

評価の基準は授業の到達目標と不可分の関係にあり、授業開始前に「契約」しなければならない重要事項であるからである。たとえば、「小テスト、出席点、期末試験、レポートの成績を総合的に加味して評価します」というような曖昧な記述ではなく、成績評価に関わる項目の「比率」を具体的に示し、学生にわかるようにしておくべきである。

　成績評価に関わる項目が、学生の到達目標とどのように関連づけられているのか、たとえば、小テストは基本的概念の意味を正しく理解しているかを測るためのもの、期末試験は概念を正しく用いて現実の問題に適用して、論理的に考えることができるかを測るためのものといった具合である。

　ミネソタ大学授業・学習サービスセンターによれば、成績評価は学生の最も関心事であって、授業シラバスを手にした学生が、最初に開くところが成績評価のところである。これは、授業評価がGPAで厳しく規制されていることを示唆している。成績評価は、教員と学生の「トラブル」の原因となることも少なくない。従って、少なくとも4つの活動データにもとづいて妥当な評価を算出すべきである。すなわち、課題、発表、試験、論文である。

　出席を評価の一部と考えているのであれば、多くの専門家は出席が評価の対象にならないと考えていることを理解すべきである。出席を評価の対象にすることは困難である。なぜなら、知識よりも往々にして人格に反映されがちであるからである。積極的な学生は恥ずかしがり屋でおとなしい学生よりも高い評価を受けやすい。どうしても出席を評価の対象にしたいのであれば、少人数クラスに分けることが奨励される。成績評価の目的は、学生がどれだけ授業で学んだかを測るためのもので、成績は基本的に試験、発表、論文あるいは他諸活動にもとづいて行われるべきである。このような理由から、評価に関する専門家は出席を成績の一部と考えない傾向にある。

　どのようにして成績評価を算出するかを、授業シラバスで学生に事前に周知徹底しておくことが重要である。

成績評価については各教員間でバラツキがあり、学生の苦情に繋がっている。選択科目の場合は、自らが選んだ科目なので安易に「責任転嫁」はできないが、学籍番号で振り分けられた科目の場合、学生にとっては不可抗力で不公平となる。アメリカの大学では、必修科目でも複数開講される授業のなかから自由に選択できるため、自己管理の下でGPAをコントロールできる。また、大学の成績基準が明示され、学部・学科、そして各授業がそれに準拠しているので、成績評価にバラツキが少ない。

ミネソタ大学評議会の指針によれば、学士課程の授業シラバスには、成績評価基準(Definitions of Grades)を含むことになっている。たとえば、

A　科目の成績レベルが傑出(Outstanding)している。
B　科目の成績レベルが顕著(Significantly)である。
C　成績が科目の要求をすべて満たしている。
D　成績が科目の要求をほぼ満たし、単位に値する。
S　成績が満足のいくもので C− に等しい。これは教員の任意とする。
I　病気などの特別配慮によって不十分とする。これは、教員の任意とする。教員と学生間の「書面による契約」が必要である。
F　落第

評価基準を明文化することで、学生は成績評価の公平さを実感できる。

さらに、授業目標と成績評価には明瞭な関係がある。多くの学生からの苦情は、両者が一致していないところに集中している。たとえば、よくある苦情の例として、「X教授は、授業において批判的に考えることが最も重要であると注意しておきながら、実際は名前、日時、定義の暗記を測るような記述試験で評価している」といった具合である。

カナダのダルハウジー大学では、"2005/2006 A Guide to Academic Procedures"という冊子を配布している。そのなかには、大学としての成績評価に関する基準が含まれている。これは7つの全学部に共通するもので、A、B、C、Dの表記に留まらず、評価に＋あるいは−が付され、より厳密になっている。

ダルハウジー大学のGPAは、A＋が4.30(Excellence)である。A＋の

評価は限定され、容易に与えることができない。Ａ＋を出すには、担当教員は、なぜ、ＡではなくＡ＋なのかを説明する"Notation"を提出することが義務づけられている。その作業が煩瑣なため、多くの教授がＡの成績に留める傾向がある。悪い成績をつけることは、教育の質を保証するうえで好ましいことなので、そのためのNotationなど必要ない。

多くの大学のGPAは4.0であるが、大学によって5.0というところもあり、ダルハウジー大学のように4.30のところもある。個々の大学でGPAの採点基準が異なる。

5　授業シラバスと成績評価

成績評価は教育評価の一部として「試験」で測られ、60点以上で合格と処理される。成績評価は、学習過程の「成果」を判断するものでなければならない。すなわち、教育活動が効果的に行われたかどうかの判断に繋がるもので、授業シラバスの通りに授業が行われたかが問われる。

成績評価は学習者を試験で測定するだけでなく、そこでの結果を教育活動へフィードバックすることが授業改善に繋がる。「フィードバック」の考え方は日本では未だ乏しい。現在、大学教育において成績評価が問題になっているのは、授業シラバスで明確に設定されていないにもかかわらず、評価の対象にされているからである。授業シラバスと一致した成績評価でなければ、学生にとっては「契約違反」であってフラストレーションのもととなる。評価には、「形成的評価」と「総括的評価」の二つがある。現状では、総括的評価が重視され、フィードバックを目的とする形成的評価が不十分である。形成的評価は、教授や学習へのフィードバックを目的とするもので、どこが強く、どこが弱いかを知る目安となる。これは授業改善あるいは授業シラバスの軌道修正に繋がる。

弘前大学では、現在、授業アンケート調査を学期末に行っている。もちろん、調査結果が次の授業改善に繋がるという点で重要である。しかし、アンケートに回答した学生にとっては、授業に直接フィードバックされるわけではないので、アンケートへの回答も形式的になりがちであ

る。2004年度弘前大学FDシンポジウムに参加した学生パネリストから、授業を受ける学生に直ぐにフィードバックされるアンケート調査が望ましいとの意見が出された。もっともである。フィードバックに関して「歴代の学生アンケート自由記述」のなかにも「レポートや解答用紙の返却は、これからその分野で学ぼうと考えている人にとっては大切な事です、返却して、コメントがあれば、学生の学習意欲は増すと思います」との指摘がみられた。厳しい批判と厳粛に受け止めるべきである。学生からレポートが提出されたら、迅速にフィードバックして返却することが重要である。レポートを提出した後、教員から何のフィードバックもないようでは学生の学習意欲を削ぐことになる。

評価方法には、論述試験、客観試験、口頭試験、実施試験、レポートなどがあるが、それぞれの長所、欠点および測定範囲について教員が十分に理解していないことが多い。授業シラバスを作成するとき、授業の到達目標を評価するには、どのような評価方法が適切であるか考えておくべきである。

成績評価は学生が最も関心を示すところで、前掲の「歴代の学生アンケート自由記述」には、以下のような批判的な意見が寄せられた。

- 授業の評価方法等は、シラバスに記載したとおりに行って欲しい。中間評価(試験・レポート)40％と書いてあるのに何も行われなかった。
- シラバスの内容が多少変更されるのは仕方がないが、成績評価の仕方がシラバスの内容と変わってしまうのだけは、絶対にやめてもらいたい。
- 成績評価はシラバスと同じに行ってほしい。

これでは「契約違反」と訴えられても仕方がない。周知のように、2001年4月から「消費者契約法」が施行され、学納金返還訴訟が相次いでいる。大学教育を「悪徳業者」と同列に扱い、「消費者契約法」で論じ

ること自体間違っているが、判決では法律を根拠に私立大学に入学金の返還を最高裁でも命じている。すなわち、「契約違反」に当たると認定しているのである。法人化された国立大学も「対岸の火事」と安心してはいられない。これからは、どの大学も「消費者契約法」に拘束される。「契約にある教育と実際の教育にはほど遠いものがある」などと、教育内容に対する不満や不信から訴訟に繋がるおそれがないとはいえない。休講の多い教員など、「消費者契約法」の矢面に立たされることになる。授業シラバス(教員と学生の契約)は、裁判の重要な証拠物件になる。

6　ラーニング・ポートフォリオの役割
(1)「単位の実質化」を促すラーニング・ポートフォリオ

　中央教育審議会の答申『我が国の高等教育の将来』(2005年1月28日)の第3章「新時代における高等教育機関の在り方」の学士課程「カリキュラム、単位、年限」の項において、「単位の考え方について、国は、基準上と実態上の違い、単位制度の実質化(単位制度の趣旨に沿った十分な学習量の確保)や学修時間の考え方と修業年限の問題等を改めて整理した上で、課程中心の制度設計をする必要がある」として、「単位制度の実質化」を促した。そこには、形骸化された単位制を見直し、「自学自修」を促進するねらいがあり、能動的学習を「単位制度の実質化」として具体的に求めた。

　中央教育審議会の「単位制度の実質化」にともなって、これまでのように、教員側からの視点だけでなく、学習者の立場に立った成績評価のあり方が注目される。そこでは、従来の論述試験(ペーパーテスト)やレポートのほかに、問題解決能力を測るシミュレーションテストの導入、そして学生の学習実践記録をまとめた「ラーニング・ポートフォリオ」の導入が重視される。能動的学習のための授業シラバスという視点からも、学生の学習実践を省みた「ラーニング・ポートフォリオ」は重要でその需要はますます高まる。

　北海道大学では、毎年、教育ワークショップを行っている。これには

同大学の教員だけではなく、他大学からの参加者も含まれ、本格的なFDワークショップとなっている。弘前大学からも例年2名の教員が参加して、多くのことを学んでいる。2005年度の第8回北海道大学教育ワークショップは、「単位の実質化」を副題に、形骸化した単位をどのようにして授業改善に繋げるかを課題に活発に議論した。そこで注目されたのが、「ラーニング・ポートフォリオ」であった。2006年度の第9回は、「単位の実質化の方策」としてこの課題により具体的に取り組み、作業グループの授業シラバスの「評価」の項目に「ラーニング・ポートフォリオ」を評価法の一つに加えることが提言された。

2006年度の北海道大学教育ワークショップ(FD)のミニレクチャー「教育評価」では、「ポートフォリオ」の事例として「クラス・ポートフォリオ」に関する文献資料が紹介された[2]。そこでは、「ラーニング・ポートフォリオ」の定義を「学生の努力・向上・学力を示す成果を集めたもの」「自省的な語り(Reflective Narrative)をともなう成果物を集めたもの」としている。また、「クラス・ポートフォリオ」について、1) 含めるもの、2) ポートフォリオを作成する意義、3) 内容、4) 留意点、そして5) 評価、が紹介された。ポートフォリオは、もともと、建築家、写真家、デザイナー、イラストレーターなどが自分の作品を見せるために持ち歩く「書類かばん」などを意味するもので、美術系などの作品やその成長の軌跡を記録するものに適している。これを授業に用いる場合には、4) の留意点で指摘されているように、「最初は宿題をノートやレポート用紙に書き、ファイルに保存するだけでかまわない。しかし、宿題は自分が学んだことではなく、行ったことを示している。自分が学んだことをどのように記録し文章化したらよいのかをよく考えること。一つの方法はエッセーを書くこと。もう一つの方法は自分の考えがどのように変化し進化したのかを示すこと。また、自分の最終課題(プロジェクト)のアイディアがどのようにまとまったのか、プロトタイプをつくりあげる過程で学んだこと、友人から学んだことをまとめることもよいかもしれない」と記されている。

巻末資料の筆者の「授業シラバス」でも、どれだけ学生が主体的に学習したかをまとめた「ラーニング・ポートフォリオ」を書かせ、成績評価に加味している。また、各授業後にパラフレーズした（自分の言葉に置き換えた）「講義メモ」を書かせ、それをもとに、最終試験では「ラーニング・ポートフォリオ」を作成させている。たとえば、「ラーニング・ポートフォリオとは、『学習実践記録』のことである。15回の『講義メモ』を参考にして、授業の『到達目標』がどのように達成できたといえるか、省察的記述（Reflective Statement）としてまとめる」という課題である。

「ラーニング・ポートフォリオ」は、個々の学生の省察による自己評価にもとづく記述であり、教員がそれを読んで採点するというもので、客観的な評価をどのようにするかが採点方法の課題である。その点で、前記の5）評価であげた5段階尺度を用いる評定には、客観的に評価するうえで参考になることが含まれている。たとえば、(1)全体の構成、(2)授業目標の到達度、(3)創造性、(4)自己評価の根拠、(5)表現力、である。このように、この5段階尺度は多くの授業で用いることができる評定法である。筆者の授業では、各授業後にパラフレーズした「講義メモ」を書かせるので一定のバランスを保つことができる。「ラーニング・ポートフォリオ」は、学生が自らの学習過程の省察の実践を通して授業への関わりを高めることができる。

(2) 教員養成に不可欠なラーニング・ポートフォリオ

アメリカの大学では、教員養成課程の教育実習で「ラーニング・ポートフォリオ」が早くから実践されている。最近の調査によれば、ウィスコンシン大学マジソン校の教員養成課程では、卒業論文に替わって「ラーニング・ポートフォリオ」を作成している。それは、教員としての資質能力を測るうえで適切であるとの認識にもとづくものである。提出された「ラーニング・ポートフォリオ」によって、教員の資質能力がどのように向上したか、その証拠としての授業レポート、授業観察記録、教育実習指導案、教育実習ビデオが重要な裏づけとなる。これは、最終学年にまとめて提出するが、教員養成課程入学直後に、最初の「ラーニング・

ポートフォリオ」が作られ、毎学期、累積的に作成される。卒業時に提出される「ラーニング・ポートフォリオ」は、5センチ以上の厚いバインダーに綴じられるもので卒業論文に匹敵する[3]。

　弘前大学教育学部『学習案内』(2006年度)によれば、教員養成課程では、前記のアメリカのウィスコンシン大学マジソン校の1年次「観察実習(Practicum)」と同じように、1年次の教職必修科目「教職入門」の授業の一部として「観察実習」を実施している。それは、3年次の教育実習の観察とその観察から学んだことに関する討論を行うものである。2年次の「学校生活体験実習」では、各種の教育活動への参加・体験を通して教職への意識と子どもの理解を深めることを目的とする実習を行っている。3年・4年次では通常の教育実習、そして4年次には、より実践的な形で行われる集中的実習と子どもたちの学習や部活動などを指導・支援する「学校教育支援実習」が組み込まれている。もし、これら一連の教育実習の学習過程を「ラーニング・ポートフォリオ」としてまとめることができれば、将来、現場の教員になってからも参考になるところが少なくない。また、指導教員は、学生の「ラーニング・ポートフォリオ」を読むことで個々の学生が直面する課題について適切な助言や指導に繋げることができる。

　さらに、アメリカの大学の事例からもわかるように、従来の卒業論文に替わって能動的かつ自主的な学習実践記録の「ラーニング・ポートフォリオ」が活用されている。このように、教育実習における「ラーニング・ポートフォリオ」の導入は学生の学習過程を把握するだけでなく、どこで躓いたか具体的に知ることができる。2005年度の「特色ある大学教育支援プログラム」(名古屋国際会議場)フォーラム(2005年11月)で事例報告した千葉経済大学短期大学部は、2004度および2005年度と2年連続して特色GPに採択されたが、同大学の取り組みは教育実習生自らが実習記録集『ひろはら』の執筆・編集に関わり、教員もそれを授業や実習指導に積極的に取り入れることによって多大な教育効果をあげた点が高く評価されている。このように、教育実習生が実習期間にまとめた「教育

実習ノート」は、教案やプリントの事後反省、観察した指導教員のコメントも含まれた冊子のことで、「ラーニング・ポートフォリオ」のはたらきをしている。

　日本の大学の教員養成課程でも「ラーニング・ポートフォリオ」の積極的な導入を考えるべきである。初等・中等学校では教える内容についての学習指導要領があるが、記載された内容をどのように教えるかについては、個々の教員の力量が問われる。教員養成課程の学生が、教育専門職に適しているかどうか、また、学習過程においてどのような問題に直面しているかを知るためにも、「観察実習」のように早くから学校現場に出て、実習体験を通して問題意識を高め指導方法について学ぶことが重要である。そのような学習経験を自らの省察にもとづいてまとめた「ラーニング・ポートフォリオ」の活用は、教員養成課程に不可欠なものである。

　教員養成課程は、1年次、2年次の教養教育課程から周到に準備されるべきである。これまで、大学教育では何を教えるかに重点が置かれたが、これからは、どのように教えるかに重点が移されるべきである。教養教育の基本は、リベラルアーツ教育を培うことであって、その基本理念はどう教えるかの教授法を身につけることである。すなわち、教員も学生も教えることの重要性について教養教育から考え直すべきである。

7　論文の書き方と採点法

　大学ではレポート、小論文、論文を書かせて成績評価するところが少なくない。かつて、日本の大学では試験の替わりに最後にレポートを出させて評価し、レポートを返却しないことが多くみられた。これでは、フィードバックがされないので、学生は書くことを通して学ぶことができない。授業の最後に1回だけ書かせる単発的なやり方では、学生に書くスキルが身につくはずがない。学生は、1つのコースを通じて何回かの機会にわたって複数タイプの文章訓練が必要である。学期末論文においては、たとえ、形式的でも学術論文に準じたものが書けるようにトレー

ニングすることが望ましい。ターム・ペーパー（学期末論文）とは、文字通り授業の最終仕上げの小論文であり、内容の構成（導入・本文・結論）、執筆の形式（注・参考文献一覧）ともに学術論文の体裁で書けるように指導すべきである。学期末論文の書き方をどのように指導するかには個人差があるが、たとえば、以下のような方法が考えられる。

(1) 論文の書き方についてコースのなかで時間を取って行う。
(2)「論文の書き方」についてのプリントを作成して配布する。
(3) 見本となる論文を配布し、形式や構成のモデルにさせる。
(4) 課題の出し方・評価についても工夫する必要がある。

「○○について述べよ」のような漠然とした課題では、インターネットからの盗作に繋がる。しっかりした構成の論文を書くことに繋がる具体的な課題を与えることが、防止策に繋がる。また、学生の論文をどのような観点や基準で評価するか事前に伝えておくことも重要である。それによって、学生は評価基準を満たそうとして、構成が明確で形式の整った論文を書くようになる。

学生に配布する学期末論文評価基準の例を『成長するティップス先生——授業デザインのための秘訣集』は、以下のように紹介している[4]。

学生配布用の学期末論文評価基準の例

0. 評価以前の常識
   (1) 他人の論文、本の丸写し（インターネットからの盗用）は学生として最もやってはならないことです。不正行為とみなし、単位認定の対象としません。
   (2) 必ずホチキスで綴じて提出すること。

皆さんの提出した論文は、次の観点から評価されます。
1. 内容
   A 導入部
   (1) 論文の目的、扱う問題がきちんと述べられているか

(2) その問題が扱うだけの重要性をもっているということが説得力のある仕方で述べられているか
(3) 本文の構成が手短に書かれているか
 B 本文
(1) 問題の提示
 - 問題は予備知識のない読者にもわかりやすいように、丁寧に解説されているか
(2) 論拠と議論
 - 論拠は十分に集められているか
 - 論拠としたデータの信頼性は吟味されているか
 - データは論旨にとって関連性のあるものか
 - 議論は妥当か？ つまり論拠からきちんと結論が帰結するか
 - 互いに矛盾することが述べられていないか
(3) 構成
 - 本文では、きちんと導入で立てられた問題が扱われているか
 - 本文の各段落は、読者に議論の流れがわかりやすいように配慮されているか
 C 結論部
(1) 結論は、導入部の問いにきちんと対応した形で述べられているか
(2) なにが明らかになり、なにがまだ明らかになっていないか。今後の課題はなにかが、きちんと述べられているか

2. 授業との関連性
(1) これまでの授業内容を理解していることが示されているか
(2) 与えられた課題にきちんと答えているか

3. 形式
(1) 段落分けは適切か

(2) 文頭と文末の対応はとれているか
(3) 誤字・脱字はないか
(4) 注は適切か
(5) 引用の仕方は適切か
(6) 参考文献一覧は適切か

　大学にとっても、学生にとっても成績評価は重要である。「授業シラバス」に成績評価の基準を明記することは絶対条件であり、いかなる理由があるにせよ変更は許されない。学期途中のフィードバックによって授業内容を軌道修正することがあっても、成績評価の基準を変えることはできない。
　不正引用等の防止策も含めて学術論文への理解を深めるためのアカデミック・ライティング・センターのようなものを通して、学生の学習支援を徹底することが緊急の課題である。たとえば、大学の附属図書館と連携してアカデミック・ライティング・センターを設置し、論文資料の検索や論文作成に関する学習支援が求められる。大衆化されたアメリカの多くの大学では、これらを初年次教育と位置づけている。ミネソタ大学のアカデミック・ライティング・センターの論文指導は、TAが中心となっている。TAは、授業料が免除になるかわり、学士課程の学生の学習支援が義務づけられる。
　カナダのダルハウジー大学には、評価基準のための具体的なマニュアルも用意されている。マルティプルチョイス試験は問題ないが、レポートのような評価には一定の基準が必要である。同センターでは、**表2-1**のような「評価基準の枠組み (A Framework for Letter Grades)」[5]を作成して、学生からのレポートの評価の公正さ、基準のあり方を検討委員会で協議し、一定の枠組みを決めている。
　これは学士課程の学生および院生にも共通する。同枠組みをレポートの課題と一緒に渡すことで、学生は教員が何を期待しているか、どのような基準で成績評価が行われるか一目瞭然となり、これに従ってレポー

表2-1 評価基準の枠組み

評価基準	リサーチ	論理／構成	分析／統合
A	・多様な資料の使用 ・信頼ある資料の使用 ・観点を明らかにする資料 ・論考の優れた裏づけ	・論理が円滑である ・中心テーマの十分な展開 ・パラグラフとアイディア間の明瞭な展開 ・効果的な論の展開	・独創的な解釈、革新的なインフォメーションの応用（A＋） ・批判的なインフォメーションの分析 ・インフォメーションの応用／インフォメーションの統合 ・独創的な意見
B	・多様な資料の使用 ・信頼ある資料の最低2/3の使用 ・観点を明らかにする資料 ・論考のやや優れた裏づけ	・論理が円滑である ・中心テーマの大まかな展開 ・パラグラフとアイディア間の展開 ・文章の繋がりや論の展開が不十分	・インフォメーションの分析 ・分析しているが、不十分な議論 ・不明瞭だが、議論がみられる ・開放的だが、要点に欠ける
C	・多様な資料の限定的使用 ・信頼ある資料の約1/2の使用 ・観点を明らかにする資料が少ない ・論考の優れた裏づけが少ない	・論理の円滑が不十分 ・展開不足だが裏づけがある ・1～2の脱線（序論にないことが含まれる） ・文章の繋がりや論の展開が不十分	・分析の欠如・的はずれ ・批判的インフォメーションの欠落 ・議論の展開の欠如 ・統合／独創的思考の欠落
D	・適切なリサーチ資料の僅かな使用 ・多様な資料が僅か ・観点を明らかにする資料がない ・論考の裏づけが不十分	・論理が円滑でない ・意見の進展の欠落 ・混乱させる頻繁な脱線 ・文章の繋がりや論の展開の欠落	・批判的インフォメーションの欠落 ・分析の欠落 ・不明瞭な論説 ・議論ができていない ・独創的インフォメーションの欠落
F	・リサーチ／文献の証拠がない ・見解の細かな提示がない ・本質的な観点の欠落	・意見がバラバラ ・論理が円滑でない ・意見に進展がみられない ・明瞭な展開の欠落	・リサーチが軟弱 ・批判的分析の欠落 ・論説の欠落 ・明確な議論の欠落

2章 授業シラバスの書き直し

解答／議論	文体	構造
・要点をついている ・目的が明瞭 ・論説が伝わっている ・効果的な証拠の裏づけ	・誤字／文法の間違いが少ない ・時制や人称が一貫している ・独創的表現の使用 ・専門的体裁でタイプされている ・文体マニュアルの使用が正確 ・文献や寄稿者に対する謝意がある	・序論の目的が明瞭で注目を引く ・何のエッセイかが序論で明確にされている ・序論が本論に反映され、論理的展開である ・本論にリサーチ上の証拠が含まれる ・本論に期待される要素がすべて含まれる ・本論のパラグラフがよくまとまり、繋がりがある ・結論がまとまり／統合／議論が含まれる
・優れた証拠 ・目的に合致した証拠 ・思考や分析があるが、焦点が不明瞭	・流れを妨げる誤字／文法の間違いが少ない ・時制や人称に僅かな揺れ ・文体マニュアルの適切な使用 ・タイプ・フォーマットが時折不一致 ・謝意がない	・序論の目的が明瞭で注目を引く（Aの2/3） ・何のエッセイかが序論で明確にされている ・序論が本論に反映され論理的展開である ・本論にリサーチ上の証拠が含まれる ・本論に期待される要素がすべて含まれる ・まとまりが不明瞭でよく繋がらない ・結論がまとまり、統合／議論が含まれるがAより不明瞭（Aの2/3）
・目的に合致するが、証拠や議論が欠乏 ・詳細な分析や思考の証拠が軟弱	・頻繁な誤字／文法の間違い ・時制や人称の不一致 ・タイプされているが、体裁が悪い ・文体マニュアルの不正確な使用 ・直接引用への謝意はあるが、文献や寄稿者にない	・序論の目的が不明瞭 ・本論が序論とほぼ繋がる ・本論に研究上の証拠が含まれるが、論理的展開がない ・本論に期待される要素がすべて欠落している ・まとまりが不明瞭でよく繋がらない ・結論はまとめているが、序論の繰り返しである
・要点が不明確 ・顕著な証拠の欠落 ・議論の説得力不足	・頻繁な誤字／文法の間違い ・時制や人称の不一致 ・手書きの説明 ・文体マニュアルの間違った使用 ・多くの文献や寄稿者への謝意の欠落	・序論の目的が不明瞭で不適切な論文である ・本論に関係ない意見が含まれる ・本論は短い質疑応答を読むようである ・文章とパラグラフの繋がりが悪く、まとまりがない ・論文には結論がなく簡略過ぎる
・的はずれ ・議論の証拠不足 ・議論の欠落	・頻繁な誤字／文法の間違い ・時制や人称の不一致 ・手書きの説明 ・文体マニュアルの無視 ・全部の文献や寄稿者への謝意の欠落	・明瞭な序論の欠落 ・構造が不明瞭で漫然としている ・インフォメーションが含まれるが、系統的な議論がない ・文章とパラグラフのまとまりがなく、繋がりがない ・短くて結論がみえない

出典：*Grading Students' Writing: Achieving Consistency, Perceptions of Fairness, and Learning*（『学生のレポート評点：一貫性・公平性・学習の達成のために』）Lynn Taylor, Ph.D.

トを作成するので、結果的に良いレポートを書くことに繋がる。そして、レポートの成績評価への苦言も少なくなる。さらに、レポートを返すとき、同枠組みの該当項目にマークをつけて渡すと、どこに問題があったかもわかり、学生のレポートの向上に繋がる。

8　学期途中のフィードバック

　授業改善で最も重要なものが、学期途中の学生からのフィードバックである。どの大学でも学期末の授業評価が行われ、次年度の授業改善に活かされる。しかし、当該学生にとっては教員が学生からのフィードバックに迅速に対応してくれることを望んでいる。これが効果的な授業改善に繋がる。学期末の授業評価アンケートだけではどうしても形式的になり、学生も真剣に取り組まないという悪循環に陥る。学期途中のフィードバックにどのように取り組むかによって、授業改善にも顕著な違いがでる。

　山口大学・大学教育センターは、「TOEICを活用した英語カリキュラム：教育の水準保証と学習支援」の取り組みで、2004年度「特色ある大学教育支援プログラム」に採択されるなど、授業評価・FD活動において積極的に活動している。同センター沖裕貴によれば、学生授業評価の中間評価を実施し、「授業に対する学生の意見・要望を期間中にフィードバックする有効な手段であるが、中間評価に授業技術項目を集約すると、総括評価の内容をかなり絞り込むことができ、学生への負担を減らすと同時に、授業目標への達成度、理解度、満足度などを明確に示すことができる利点がある。徳島大学においても、本学と同様、まだ、中間評価の利用率が低く、総括評価に授業技術項目が残っているそうであるが、中間評価の実施率の向上が、学生授業評価を授業改善へ結びつける有効な手段であることは間違いないであろう」と位置づけている[6]。

　『成長するティップス先生──授業デザインのための秘訣集』には、学期途中のフィードバックにする項目例が、以下のように紹介されている[7]。

学期途中の学生からのフィードバック

これまで○回の授業を実施しました。ここまででコース導入部は終了です。そこで、これまでの授業を振り返って、改善すべきところがあったら、以下のアンケートに答えることでぜひ伝えてください。今後の授業で、すぐに改善できることはしていきたいと考えています。

教員のスキルや態度に関する項目
- 黒板やOHPなどの使い方は適切ですか？
- 話し方は適切ですか？
- 授業を進めるスピードは適切ですか？
- 質問や発言を促そうという姿勢は見えましたか？
- 質問にはきちんと回答していましたか？
- 学生に対する差別的な言動が感じられましたか？
- 教員に授業への意欲が感じられましたか？
- 私語や途中入室・退室などに毅然と対応していましたか？

授業の内容に関する項目
- 最初に配布したシラバスは、コースの進め方をわかりやすく書いてありましたか？
- このコース全体の目標は、よく理解できましたか？
- 授業内容がおもしろそうだと感じられましたか？
- このコースの内容は、高校で学習したこととうまく接続していますか？
- これまでの毎回の授業のねらいは、そのつど明確にされていましたか？
- 毎回の授業の内容は、よく準備されたものでしたか？
- 毎回の授業の内容は、刺激的かつ関心を引き出すものでしたか？
- 説明は、丁寧で理解しやすかったですか？
- 教科書は、すでに手に入れましたか？
- 教科書は、コースの内容に照らして適切なものでしたか？

授業時間外の学習に関する項目
- これまでの課題の量は適切でしたか？
- これまでの課題の内容は適切でしたか？
- 課題に取り組む上で困った点はありましたか？（図書館の参考図書が足りない、コンピュータの利用が難しい、などの問題がありましたら書いてください）

学生自身の学習態度に関する項目
- これまでの授業に、きちんと出席していましたか？
- これまでの課題は、提出しましたか？
- 教科書を予習して授業に臨んでいますか？
- これまでの授業や課題によって刺激を受け、自主的に調べたり学んだことはありますか？

教室環境・設備などに関する項目
- 教室の規模は適切ですか？
- 教室の環境（温度、換気など）は適切ですか？
- 教室の設備（ビデオ、コンピュータなど）は適切ですか？

　学期途中の学生からのフィードバックが、アメリカの大学でも授業改善の方策として重視されていることは、前述の大学評価・学位授与機構の公開講演の内容からも明らかである。最近では、インターネットを駆使した"Flush-light Online"という身近なソフトウエアーも開発されている。このなかには、学期途中のフィードバックに必要な質問事項も含まれている。さらに、メーカーによって機種の呼び名は違うが、たとえば、クリッカー・システム（Clicker System）と呼ばれるものには、学生が授業の途中で内容を理解したかどうかをチェックするために、簡単なクイズを出して学生に正解をクリックさせるというものもある。これは、テレビ番組で視聴者が正解をボタンで押すやり方と同じものである。これを導入することで、学生の授業の理解状況をチェックしながら次のステップに進むことができる。学生の回答率が悪いときは、同じ箇所を繰り返

して説明することができる。

　ITシステムを導入した授業改善も試みられている。たとえば、京都大学で行われた第12回大学教育研究フォーラム(2006年3月28日)で、三重中京大学現代法経学部・清水亮は、「ICT活用による授業改善の試み:携帯電話によるアンケート導入のインパクト」と題して発表を行った。最近は、多くの学生が携帯電話を使用しているので、それを利用して授業に参画させるという新しい教授法である。

　アメリカの大学では、学生とのコミュニケーションを重視した「手紙」による学期途中の学生からのフィードバックも行われる。以下は、「成人教育」の授業の例である[8]。これは、「親愛なるビル(教員の名前)へ」と題するレポート形式である。たとえば、

　「諸君が、この授業で学んだことを、以下の3つの質問に答える形で、『ビルへの手紙』としてまとめてください。(1)授業を通して、成人教育への理解がどのように変化しましたか。新しい展望や識見を得ることができましたか。何か重要な事実を学びましたか。(2)学習者として、何を学びましたか。他の学習者との関係を通して、どのように自分を見つめましたか。(3)どのような疑問が生まれ、それに対してビルやクラスがどのようにサポートできますか。授業を通して、何か新たな質問が生まれましたか」

　これは、学習実践記録をまとめた「ポートフォリオ」の役割を果たすものである。学生から提出されたレポートに対して、教員のビルは「クラスへの手紙」という形で質問内容を要約し、学生のコメントを授業にフィードバックさせるというものである。

　アンケート調査では学生の生(なま)の声が聞こえない。自由記述の方式もあるが、すべての学生の意見を反映するものではない。その点で、上記の手紙形式のフィードバックは授業内容の理解および学生の要望もよくわかり、その結果を速やかに次の授業に反映させることができる。

　学期途中の学生からのフィードバックの方法には、アンケートだけでなく、このように手紙形式のものも考えられる。工夫・改善することで、

自分の授業に適した効果的な学期途中のフィードバックの方法が可能になる。

9 不正行為

アメリカでは、剽窃（Plagiarism）を学問に対する重大な「犯罪」行為と位置づける。不正引用を未然に防ぐには対策が必要である。他人の論文からの剽窃が学問のモラルに反する行為であり、厳しく処分することはまじめな学生の名誉を守るためにも必要である。

論文の書き方を指導するとき、あるいは課題を配布する機会を利用して「剽窃」とは何か、なぜ、それが重大な不正行為になるのか説明することが大切である。初年次教育の「基礎ゼミナール」は、論文の書き方（剽窃や不正行為を含む）、図書館の利用法などの基本的なルールを教える良い機会である。引用することは悪いことではない。誰しも先行研究から引用するのであるから、出典を明らかにしなければならない理由を教えることが重要である。

不正行為で処分をする場合も、授業シラバスのなかに注意事項が明記されていることが重要である。たとえば、授業シラバスの「評価」欄あるいは「備考」欄に、インターネットからの転用が見つかった場合は、単位の履修を認めないことを「契約事項」として明記しておくことは、成績評価の公平性に繋がり、後々のトラブル解消に役立つ。

東洋には「写経」の伝統があり、「学ぶことは真似ること」と教わっているため、無断で引用しても「罪の意識」が薄い。カナダのダルハウジー大学学習・教育センター長によれば、最近の調査結果で3分の1の学生が「剽窃」の可能性があると疑われている。北米のように、アカデミック・ライティングで徹底した指導が行われていてもそうである。同大学で「剽窃」の疑いで指導される学生にはアジア系も多く、日本からの留学生もいる。「真似る」ことが、「学び」の基本だと考える日本の文化風土では、「剽窃」も生みやすい。「剽窃」をなくすのは至難の業である。「剽窃」しても捕まらないものもいるため、その対応には不公平さもみられる。間接的

な引用で逃れたり、海外の研究を翻訳して表現をごまかしたりするなど巧妙な手口が後を絶たない。

「剽窃」には、厳格な処分が必要である。寛容な態度では、どうにかなるという安易な気持ちを抱かせる。「剽窃」で不正行為となった場合、当該科目は「不可」の評価になる。学士課程の場合、「不可」の科目を再履修できるが、大学院は「不可」になれば再履修ができないので、事実上、休学に追い込まれる。研究者に対しても「剽窃」に対する処分は厳しく、学位が授与された後でも、「剽窃」の事実が発覚すれば学位が剥奪される。同センター長は、「剽窃をなくすには、教育的な指導しかない」と述べている。

インターネット社会では、不正引用や剽窃・盗作が氾濫している。著作権法第32条(引用)には、「公表された著作物は、引用して利用することができる。この場合において、その引用は、公正な慣行に合致するものであり、かつ、報道、批評、研究その他の引用の目的上正当な範囲内で行われるものでなければならない」と規定されている。刊行物には、引用が許されるが、それは研究などでの正当な範囲内でなければならない。その場合でも、引用する側が「主」で、引用される側が「従」の関係になっていることが重要である。学生がインターネットから無断で引用する場合は、明らかに著作権法に抵触する不正行為となる。

出典と引用箇所を必ず明示しなければならない。引用箇所を勝手に変えることは許されない。たとえ、誤字脱字があっても原形のままで引用しなければならないルールを教える。引用箇所の内容の間違いが明らかな場合は、その箇所にルビ(ママ)をつけることなどを指導する。どうしても、誤字脱字を直したい場合は引用句としない。表現を変えて内容だけを引用した場合も出典として明記すべきである。表現を変えることで自分のものだと勘違いして出典を明記しない人がいる。

論文を書くことは内容に責任をもつことである。アメリカの学位論文審査の口頭試問のことを"Oral Defense"と呼んでいる。自分の論文を「ディフェンス」するためには、客観的な裏づけ証拠が必要であり、そ

のためにも出典は不可欠となる。

　2005夏、南フロリダ大学21世紀ティーチング・エクサレンス・センターを視察し、同センター主催のFD研修に参加した。同センターは名称の通り、21世紀の最先端技術を駆使した授業改善を行っている。その一例を紹介すると、"New Features in Blackboard"というものを導入している。ブラックボードと聞けば「黒板」と考えるが、これはコンピュータを駆使した「中央管理システム」で教員と学生、学生同士がウエブサイトを通してコミュニケーションを取ることができるものである。管理体制が厳重で「ログイン」できなかったので内容を詳しく説明することはできないが、興味を引いたのは、"Safe Assignment"と呼ばれる"Automated Plagiarism Detection System"の機能を有する「剽窃防止システム」である。学生が上記の「ブラックボード」を通してレポートを提出すれば、その内容に「剽窃」の疑いがあるかどうかを瞬時に見分けるシステムである。その範囲は、広範におよびインターネット上の作品のみならず、過去に提出された学生からのレポートとも照合する。このような最先端ソフトが導入されていると聞くだけでも学生の不正行為を防ぐのに役立っている。

　サンディエゴ州立大学における不正行為の対策は、示唆に富むものである。同大学はこれを「学問に対する不誠実」と位置づけ、厳しい処分を科している。カンニングや盗作は目に見える行為で処罰の対象となるのは当然であるが、大学が最も重視しているのが「剽窃」である。何が剽窃で、何が剽窃でないか、学生は当然のこと、教員の間でも十分に理解されていないことが多いため、モラルあるいは著作権の問題が発生する。同大学の「授業シラバス」のなかには、「剽窃とは何か？」と題する記事を掲載して、「剽窃の定義」および何が問題になるかを詳細に説明して学生の注意を喚起している。

3章　能動的学習

I　能動的学習の促進

1　優れた授業実践のための7つの原則

アメリカ高等教育学会（AAHE）、1960年代にハーバード大学コナント元総長が構想した政策立案者向け教育リソースのNPO団体（Education Commission of the States）、そしてジョンソン財団は、アメリカの学士課程教育における大学教育支援プログラムとして、以下の「優れた授業実践のための7つの原則」を掲げている[1]。これには、アメリカおよびカナダの大学の学士課程教育における優れた授業実践の目標が掲げられ、能動的学習の促進が優れた授業実践に繋がっている。

○原則1：教員と学生のコンタクトを促す
　　授業中や授業時間外に教員と学生が頻繁にコンタクトをとることは、学生の学習への動機づけと学習成果の向上において最も重要な要因の一つです。たとえ数人でも教員との距離が近づくことで、学生は学習への参加が促進され、自分の価値と将来の目標を考える支援になります。
○原則2：学生間で協力する機会を増やす
　　学習は一人で行うよりも仲間と協力して取り組む方が、学習の質が向上します。仕事と同様に学習も競争的で孤立して行うよりも、社会的な関係をもって協力的に行うものです。他者と共同で作業を行うこ

とが学習成果を高め、自分の考えや他者の考えを集団で共有することが理解の向上に繋がります。

○原則３：能動的に学習させる手法を使う

　学習は、スポーツ観戦のように教室で座って教員の話を聞き、記憶中心の画一的な試験に対応しているだけでは不十分です。学生は学んだ内容について、自らの過去の経験との関連づけと、日常生活への適用について、口頭・文章で説明できなければなりません。すなわち、学生は学んだ内容を自分のものにしなければなりません。

○原則４：素早いフィードバックを与える

　自分が理解している部分と理解していない部分を明確に認識することで、学習は効率的になります。授業を通じた学力向上を図るうえで、学生には学習成果に対する適切なフィードバックが必要です。授業の開始時には、自分の既知の知識や得意な分野を学生が自覚できる支援が必要です。授業中には、試験・課題・発表・実習など学生が自ら取り組む機会を設定し、成果を改善・向上させるアドバイスを受ける必要があります。卒業時、および卒業までの節目の時点で、学生が自身の学習した内容を振り返り、これから学ばなければならないことを自覚し、自分自身を評価する機会が必要です。

○原則５：学習に要する時間の大切さを強調する

　学習には、それに投入する時間と労力が必要です。時間は取り戻すことができません。よって、仕事と同様に学習においても適切な時間管理が決定的に重要です。学生には学習にあたって効果的な時間管理ができるような支援が必要です。必要な時間をきちんと配分することが、学生の学習においても教員の教育においても重要です。大学が学生、教員、執行部、専門職員に対して時間の大切さをいかに語るかが、全体の活動成果を決めるといっても過言ではありません。

○原則６：学生に高い期待を伝える

　高い期待をもって取り組むことで得られるものは大きくなります。これは、基礎学力で劣る学生や精一杯の努力をしない学生であって

も、基礎学力が高くやる気にあふれた学生であっても、すべての学生にとって重要なことです。学生に高い学習成果を修めてもらいたいという期待は、教員や大学組織がその期待を持ち続け、実現へ向けた努力を重ねることで現実のものにすることができます。

○原則7：多様な才能と学習方法を尊重する

　学習には様々な方法があります。学生は、各自の多様な才能と学習方法をもって大学へ入学して来ます。セミナーでは優秀な学生でも実験や芸術のクラスでは不器用かもしれません。実務経験の豊富な学生でも理論は苦手かもしれません。それぞれの学生が活躍できるよう多様な才能と学習方法を表現する機会を設ける必要があります。そうすることで、それまで難しかった新しい学習方法にもチャレンジできるようになります。

2　ティップス先生からの7つの提案

　名古屋大学高等教育研究センターは、「優れた授業実践のための7つの原則」を参考にしながら、日本の大学での活用を目指し、名古屋大学で蓄積した事例、独自の調査、教授・学習理論研究成果にもとづいて「ティップス先生からの7つの提案」の教員編、学生編、大学編の独自のサイトを紹介している。そのなかの「教員編」は教員の授業改善にとって示唆に富むものでイラストも含まれ、具体的な事例やアイディアが以下のように含まれている[2]。

○提案1：学生と接する機会を増やす

　集団の中の一人として見なされるときよりも、一人の個人として見なされるときの方が、学生は授業に対する帰属意識や責任感を持つものです。授業への参加度を高めるためにも、学生と接する機会を増やしてみましょう。学生にとって自ら積極的に教員に接することは勇気がいる行為なので、教員からきっかけをつくってあげることも大切です。

○提案2：学生間で協力して学習させる

　クラスメイトが仲間になれば、学生は授業に参加しやすくなります。さらに、それぞれの学習方法や考え方の違いを認め互いに補い合うことで、授業内容をより深く理解することが期待できます。ただし、協力的な関係を持った学習活動は自然にはなかなか起こりにくいので、協力して学びやすい雰囲気や仕組みづくりを心がけましょう。

○提案3：学生を主体的に学習させる

　受け身の学習では高い学習効果を期待することはできません。また、大学教育においては、主体的に学習する姿勢を学生に身につけさせることも重要です。授業を担当するにあたっては、授業の内容を充実させるだけではなく、それらの内容をどのように主体的に学ばせるのかについても配慮してみましょう。

○提案4：学習の進み具合をふりかえらせる

　学生にとって、どこまで学習目標に近づいているのかを確認することは、その後の学習を進める上で貴重な情報です。また同時に、教員にとっても授業の進め方をチェックするよい機会となります。学期の途中でも大事な内容を教えた直後に、小テストなどによって学習の進み具合をふりかえる機会を与えましょう。

○提案5：学習に要する時間を大切にする

　授業時間外の学習の大切さは広く理解されてきたようですが、どのように学習時間をやりくりしたらよいかにとまどう学生も少なくありません。時間を有効に活用することは、学生の学習成果を左右するきわめて大切な要素です。教員は、授業への取り組み方の指導や課題を通して、学生の学習時間を管理する方法を身につけさせましょう。

○提案6：学生に高い期待を寄せる

　学生は、教員や周りの期待に対し敏感に反応するものです。学生は期待されていないとわかったら、学ぶ意欲を衰退させ、結果として学習効果は低下するでしょう。授業のさまざまな場面で学生に対して期待していることを伝えたり、努力すれば手に届く具体的な目標を設定

したりすることで、学生の学ぶ意欲を刺激してみましょう。
○提案7：学生の多様性を尊重する

　大学はさまざまな学習スタイルや属性を持った学生を受け入れることで活力を生み出しています。教員は、そうした多様性を尊重するとともに、学生にもそのことを伝えていく必要があります。また、学生の多様性は授業を阻害する要因と見なすのではなく、学生の視野を広げ教育効果を高める一手段としてとらえてみてはいかがでしょう。

　上記の事例は、いずれも授業改善に役立つものばかりである。何よりも、アメリカ版「優れた授業実践のための7つの原則」を日本の大学での活用をめざし、名古屋大学が蓄積した経験を踏まえた独自のものである。アメリカの大学における授業実践をそのまま紹介しても、日本の大学で役立たないことが多いが、「ティップス先生からの7つの提案」は、授業改善への有効な手引きである。

3　能動的学習の促進

　アメリカの高等教育においても、教育は空の容器に知識を注ぎ込むものと考えられてきた。最近の研究成果によれば、総合的学力とは豊富な機会が与えられ、新しい知識について質問したり、応用したり、統合したりする過程を通して向上するものであることが明らかになった。

　ミネソタ大学授業コンサルタント・ゼニス（Connie Tzenis）[3]にアメリカの大学におけるアクティブ・ラーニング（能動的学習）の現状についてインタビューした。彼女によれば、アクティブ・ラーニングの必要性が叫ばれるようになったのは、14～5年前のことで、それまでは講義中心の授業であった。この変化を「パラダイムシフト」と呼んだ。しかし、完全に変革したわけではなく、伝統的な教授法を続ける教員もいる。

　従来の形態では、教員と学生が教室で講義を受け、学生だけで学習し、教員だけで成績を評価し、フィードバックするといった具合である。学生は、講義を聞くだけで記憶に留めることは困難である。6ヶ月後、同

じテストをしてもほとんどが覚えていない。講義で聞くだけでは不十分で、読むことを通して学習能力を高める必要がある。そこで、教室では与えられた課題を事前に読んでくることを重視するようになった。どのように読んできたか、授業でフィードバックすることで学習能力を高めることができる。すなわち、学生が授業に能動的に取り組むことで学習内容をリテンションできる。教室では教員が一方的に講義をするのではなく、フィードバックしながら学習力を高める方法へ変わった。

　アクティブ・ラーニングを導入すると、準備した授業内容をすべて消化できないのではないかと危惧する教員もいる。しかし、調査結果からも明らかなように、一方的な講義では学習内容をリテンションすることは困難である。学生のフィードバックを通して授業を進めることが教員にとっても、学生にとっても有意義であり、授業の合間にどのように効果的なフィードバックを取り入れるかが重要である。そのために5分程度をフィードバックの時間に割いても全体の講義内容には影響しない。同センターのウエブサイトには、「教える内容が多すぎ、教える時間が少なすぎる (So Much Content, So Little Time)」と題する興味ある記事が掲載されている[4]。

　学生がReading Assignmentの宿題を守らないで授業に臨み、教員が内容を繰り返す無駄をしている。教員は、学生に授業で聞くよりも、講義内容の基礎となる本を読むことが学習能力を高めることに繋がることを教える必要がある。学生が読んできたかどうかをテストして確かめることで、読む習慣を身につけさせられる。学生が事前に読んできても、正しく内容を理解しているかどうかは別である。正しく理解しているかを確認する簡単なクイズもできる。

　アクティブ・ラーニングでは、学生からのフィードバックが重要である。学期末試験だけでは、学生がどこで躓いたかフィードバックできない。適切なフィードバックが繰り返し行われれば、効果的な学習向上に繋がる。

　アメリカの大学における授業は週に数回行われるが、クイズの採点結

果は次の授業時に必ずフィードバックされ、授業に反映される。大講義室での授業は、学生数が多いので、すぐにレポートを返却できないが、そのような場合は、TAが採点して教員は調査結果を知るだけで十分である。

　授業中に授業内容が理解できたかどうか、あるいは質問があるかどうかを尋ねてもアメリカの学生でもあまり反応しないことが多い。そこで、最近、注目されている方法として、前述したような、「クリッカー・システム」が導入されている。この方法を用いると誰がボタンを押したかが特定できないので、間違いを恐れずに回答できる。このような簡易なシステムを導入することで、アクティブ・ラーニングが促進でき、同時に授業内容が理解できたかどうかも把握できる。簡単なクイズならば、「クリッカー・システム」でも可能である。これは、大規模な施設を必要とせずに簡単に実施できる。ミネソタ大学では、この方法を用いて授業を行っている教員もいる。最近の学生はパソコンに慣れているので、ボタン操作しながら授業に積極的に参加することができる。

4　効果的授業の導入

　授業が円滑にいくかどうかは導入部分にかかっている。すなわち、学生をいかに授業に引き入れることができるかである。そのためには、導入部分を刺激的にして学生の関心を引きつけることが大切である。これもアイスブレーキングの一つといえる。ユーモアを交えて話しかけ、学生の緊張を和らげ、授業に引き込むには豊富な経験が求められる。アメリカ人は「ジョーク」から話をはじめるといわれるが、上手なスピーカーほどジョークから自然に聴衆を引き込むテクニックを備えている。効果的な導入を行うには、授業全体を頭のなかで「シミュレーション」しておくことが大切である。

II 能動的学習の実践

1 大講義室でもできる能動的学習

少人数ゼミでなければ能動的学習ができないと考えている教員が少なくない。それは少人数にすれば、学生がよく理解できると勘違いしているからである。学習者を主体とする能動的学習を行えば、学生が多い講義の場合でも、多様な意見が出て、授業を活性化できる。大講義室の授業においても、グループごとに分けて議論させることで効果的な成果をあげることができる。

2005年夏、カナダのダルハウジー大学学習・授業支援センターで調査したとき、同センター長テイラー（Lynn Taylor, Director, Centre for Learning and Teaching, Dalhousie University）から、図3-1のような興味ある図を入手した[5]。

この図は「『休止』を挟む講義時間の学習パターンの推測（Hypothesised Pattern of Performance during a Lecture with a Break）」と題するもので、1971年の古いデータであるが今でも有効である。

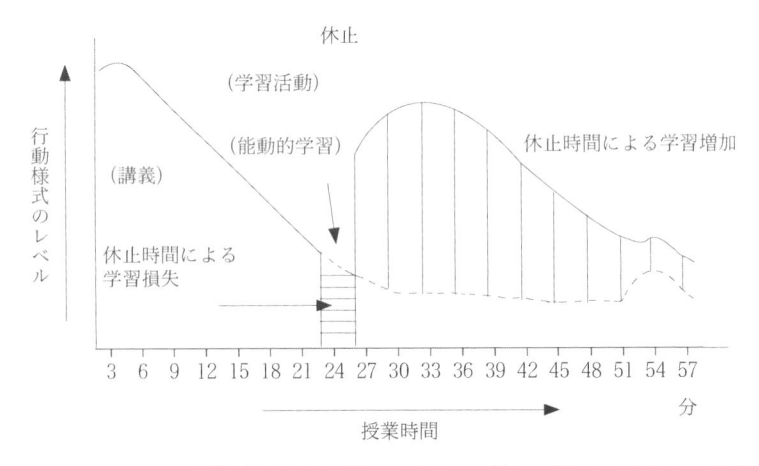

出典：Bligh, D.A. (1971), *What's the use of lectures?* Exeter, UK: D.A. and B. Bligh.

図3-1 「休止」を挟む講義時間の学習パターンの推測

この図は、50分授業を想定したものである。アクティブ・ラーニングは、少人数でなければならないと考えられているが、250人程度の大人数のクラスでも、授業のやり方では能動的学習ができる画期的な教授法である。以下に、図3-1について説明する。
　学生の集中力は、図の曲線が示すように、最初の20分を過ぎると急激に低下する。しかし、5～10分間の授業「休止」(Rest)を挟むことで再び集中力が高まり、学習が増加している。
　この「休止」の時間をどのように授業に活かすかで、教育効果が著しく変わる。これは、単なる「休息」を意味するのではなく、授業への「フィードバック」として活用する時間である。たとえば、「休止」のところに、"Learning Activities"（学習活動）を導入することでアクティブ・ラーニングに繋げることができる。すなわち、アクティブ・ラーニングとは、最初から最後まで、学生に能動的に学習をさせるのではなくて、従来の講義形態にわずか10分程度の「学習活動」を取り入れ、学生に考えさせたり、隣の席の学生同士で議論させたり、相互に質問を促したりすることで、能動的学習に切り替えて、授業を活性化できるものである。授業の後、学生に質問を促しても反応しないことが多いが、「休止」を挟み、学生同士で授業内容について相互に議論させることで、問題意識が高まり、質問も出やすくなる。学生からのフィードバックを通して、教員も学生の授業に対する理解度が把握でき、残りの時間内で授業の調整ができる。すなわち、授業途中の効果的なフィードバックのはたらきもする。これからもわかるように、講義形式の授業が必ずしも悪いとはいえない。日本の大学のように、伝統的に優れた講義形式が築きあげられた社会では、能動的な授業形態にすべて移行させるのではなく、従来の講義形式にわずかな「学習活動」を効果的に取り入れることで、図のように学習変化を生み出すことが可能になる。学生は講義だけでは内容を十分に理解できない。効果的な学習法とは判断し、聞き、考え、話し、質問が効果的に繰り返されることで、その結果として優れた授業に繋がる。
　北米の大学の授業は、50分を週に3回、もしくは75分授業を週2回に

分けて行っている。従来、50分授業を週3回行う傾向が強かったが、最近、ダルハウジー大学では75分授業を週2回行う教員が増える傾向にある。これは、20分の講義の後に「学習活動」を挟むことで、学生の集中力を高めるという**図3-1**のデータが、教員にも浸透している証である。

　ダルハウジー大学は、大人数のクラスの効果的な授業の進め方についてのビデオも制作している[6]。さらに、大人数のクラスの授業をいかに効果的に導入するかの関連資料もある[7]。

4章　授業改善への取り組み

I　授業評価実施状況と対応

1　文部科学省のデータ

　図4-1「学生による授業評価を実施」からも明らかなように、2003年度までに、国立96大学(約99%)、公立68大学(約89%)、私立469大学(89%)、国公私立全体633大学(91%)において「学生による授業評価」を実施している。とくに、国立大学での普及率は顕著である。授業評価は実施しているものの、それが、必ずしも授業改善に繋がっているとはいえない。これまで評価結果を個々の教員に通知するものの、授業改善は教員まか

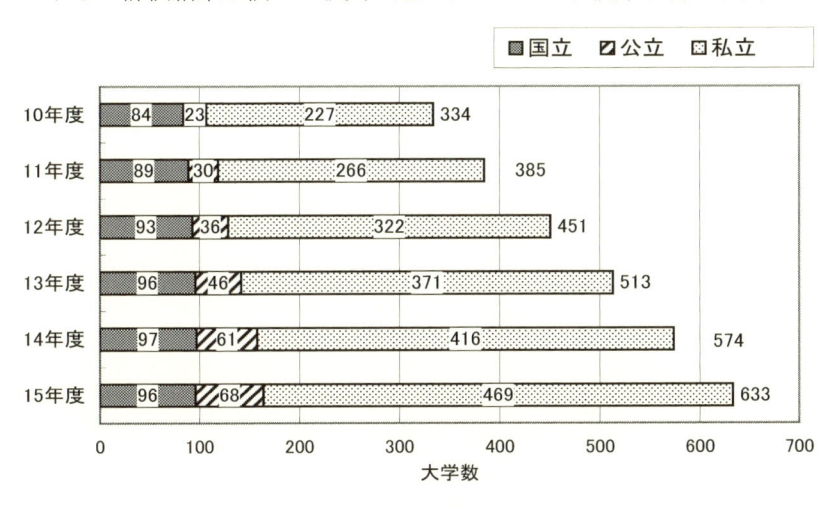

年度	国立	公立	私立	合計
10年度	84	23	227	334
11年度	89	30	266	385
12年度	93	36	322	451
13年度	96	46	371	513
14年度	97	61	416	574
15年度	96	68	469	633

図4-1　学生による授業評価を実施

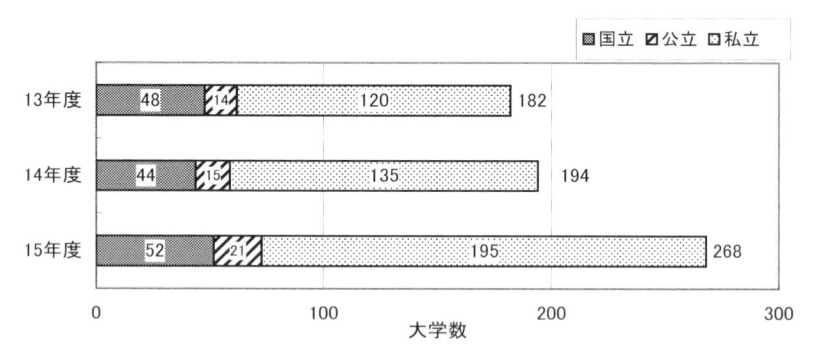

	国立	公立	私立
13年度	48	14	120	182
14年度	44	15	135	194
15年度	52	21	195	268

図4-2　学生による授業評価の結果を改革に反映させる組織的な取り組み

せの大学が多かった。しかし、「大学全体として学生評価を授業改善に活かす組織的な取り組みをしている」と回答した大学も年々増加している。たとえば、**図4-2**「学生による授業評価の結果を改革に反映させる組織的な取組」の実施状況にもその傾向がみられる。しかし、未だ十分とはいえない。すなわち、2003年度までに、学生による授業評価を実施した大学のうち、授業評価の結果を改革に反映する組織的な取り組みが行われていると答えたのは、国立52大学(約54%)、公立21大学(28%)、私立195大学(約37%)、国公私立全体で268大学(約38%)に留まっている。

　たとえば、実施例をみても、学生の授業評価の結果を集計・分析してホームページで公開するといったもので、授業改善に直接に繋がっているとはいえない。しかし、国の認証評価の導入によって状況が一転した。なぜなら、多くの大学で授業評価の結果を具体的に授業改善に繋げる動きが顕著になったからである。

2　授業改善への反映

　『読売新聞』(2006年7月7日付朝刊)は、「授業改善に学生の目、大学4割『全学的に評価反映』」と題して報道した。それによれば、学生による評価を授業内容の改善に反映させる大学が増加し、2005年の文部科学省の調査では、全体の4割を超えた。評価結果から、「ベスト・ティーチャー」を選ぶ試みも広まっている。「大学全体として学生評価を授業改善に生

かす組織的な取り組みをしている」と回答する学校も年々増加しており、2001年度の182校(27.1％)から、2004年度は285校(40.2％)と増加している。

　評価の高い教員や授業を表彰する大学も目立っている。奈良先端科学技術大学院大学は「ベストティーチング賞」、岩手大学では「優秀授業科目」を選出している。優秀教員に「ベスト・ティーチャー賞」を授与している兵庫医科大学では、講義をビデオ録画して教員や学生向けに配信するなど、優れた授業を大学全体で共有する試みを行っている。

　北見工業大学では、3年前から評価の低い教員対策として、常本秀幸学長自らが授業参観し改善方法について助言している。たとえば、同学長は「板書中心で、学生と対話をしない教員の評価が低い。学生の理解度を把握しながら、授業を進めていくことが大切」と述べている。5年ごとに教員との契約を更新している同大学では、学生の評価が低ければ、更新時に警告し、改善がみられない場合には更新をしないとしている。

　「研究だけでなく教育も重視する方向へ、大学の取り組みも変わってきている。学生を集めるためにも、ニーズに応え、質の高い教育を提供するという意識が高まっているのではないか」と、文科省大学振興課はその動向を分析している。

　しかし、こうした取り組みを行う大学の関係者のなかには、「学生評価は任意で、数も少ない。難解な分野の授業は学生の受けも悪い。評価が低くても授業の質が低いとは必ずしも言えない」という声もあり、学生の評価を授業にどう反映させるか、模索が続いていると同新聞は結んでいる。

　以上からも、「学生による授業評価」は、FDの有効な手段であることは間違いない。先進国アメリカの大学の状況についていえば、序章でみたように、この分野の権威者セルディンは「学生による授業評価」だけでは不十分であるとの認識を示している。とくに、アメリカの大学の場合は、人事評価として用いられているので、使用には慎重である。日本の現状をみる限り、学生が大学の授業や教員を評価する面のみが徒に強

調され過ぎる傾向があり、「学生による授業評価」だけが強調され過ぎているとの印象を払拭できない。重要なことは、学生が授業や教員を評価することではなく、調査結果によって何が開発されるか、あるいは開発されてきたかという視点がみえてこないことである。具体的にいえば、それらがどのように授業改善に反映されているかが不透明である。このような消極的な対応の背景には、学生に評価されたくないという教員の心理や、調査結果が教員評価に使われるのではという「疑心暗鬼」の考えもあるようである。国際基督教大学教養学部・松岡信之は、「『学生による授業評価』は、学生が受け身の立場で一方的に授業や教員を評価するものではなく、学生の立場からも授業ということを見直すものと位置付ける必要がある」と示唆に富む意見を述べ、学生による「能動的評価」の必要性を示唆している[1]。

II 弘前大学の取り組み

1 授業改善計画書

　弘前大学教育・学生委員会による学生へのアンケートは、「授業方法改善のための学生による授業評価に関するアンケート」とその目的が具体的となっているが、学生による授業評価を授業改善に繋げるという点では、未だ不十分であった。そこで、同大学教育・学生委員会は、2006年3月末、授業改善に資することを目的として、全教員に「授業改善計画書」の提出を求めた。

　その概要(案)は以下のようである。

　趣　旨
　弘前大学では、大学評価・学位授与機構による認証評価を平成18年度に受けることになっており、教員が、今後、授業改善にどのように取り組むかが求められています。
　本学では、「授業方法改善のための学生による授業評価に関するアン

ケート」を実施し、評価結果をホームページで公開し、教員にフィードバックして授業改善に役立ててもらっています。
　すなわち、以下のような図表になります。

「授業評価結果フィードバック」弘前大学の現行図式

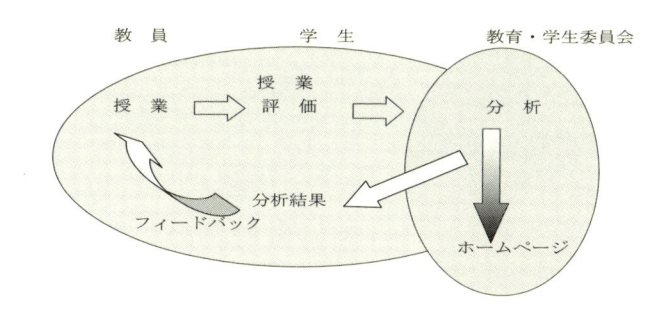

　しかし、これだけでは十分とはいえません。そこで、教育・学生委員会では、より良い授業改善を目指して、全教員に、学生による授業評価結果を踏まえ、さらに教員自身の授業実践を省みて、「授業改善計画書」の提出を検討してもらうこととしました。
　教員が「授業改善計画書」を作成するには、学生による授業評価アンケートだけでは不十分であり、教員の授業実践を自己診断するための何らかの「指標」が必要となってきます。
　もちろん、学生による授業評価だけで、「授業改善計画書」を作成することも可能かと思いますが、学生による授業評価結果は、年度によって変わります。
　そこで、アメリカの多くの大学の授業で実践されている「優れた授業実践のための7つの原則」の項目のなかから、参考になると思われるものを抜粋しました。各項目は、便宜上、教育・学生委員会が実施した「授業方法改善のための学生による授業評価に関するアンケート」の7項目、すなわち、1) 準備　2) 理解　3) 説明　4) 構成　5) 有益　6) 満足　7) 時間、を考慮に入れたものです。

これらの項目の一つを取り上げても、「授業改善計画」に繋がるものと思います（注：具体的な「授業改善計画書」作成については、末尾「備考」の例を参照にしてください）。

目　的

「授業改善計画書」は、「授業改善に資する」ことを目的とし、教員が自らの教育実践を振り返り、チェックリストの項目に照らして自己診断するというものです。個々の教員の授業改善及び各学部等のカリキュラム改善の目的以外には使用しません。

自己診断チェックリストには、学部や授業形態、あるいは、日本の大学の現状になじまないと思われる項目も含まれているかもわかりませんが、その場合は除外しても構いません。また、自己診断チェックリストは提出する必要がありません。

「『授業改善計画書』を作成するための自己診断チェックリスト」（参考）
該当すると思われるところに○をつけてください。①よくあてはまる　②あてはまる　③ときどきあてはまる　④あまりあてはまらない　⑤あてはまらない

	①	②	③	④	⑤
1) 準備					
①毎回の授業前に課題を課す					
②試験の答案やレポートを1週間以内に返却する					
2) 理解					
③頻繁に小テストや課題を与えることで学生の進捗状況をチェックする					
④学期の早い内に学生の成果に対して細かなフィードバックをする					
⑤学生に授業や自分の進捗状況に関する記録を残させる					
⑥クラスの平均的な学生の理解度を知る					
3) 説明					
⑦授業の中でシミュレーションやロールプレーの方法を使う					
⑧学生に文献の読み方を教える					
⑨授業ではすべての学生に発言する機会を与える					

4) 構成					
⑩シラバスで授業の目標を明確に示す					
⑪成績の基準を学生に明確に示し、それにそって成績評価をする					
⑫学生からのフィードバックに合わせて、学期中に授業内容や方法を調整する					
5) 有益					
⑬学生に授業外の事例を授業の内容と関連させる					
⑭実社会の問題解決につながるような課題を設定する					
⑮授業の内容が実社会のどのような面で役立つかを提示する					
6) 満足					
⑯授業が終わった後に、すぐに帰らない					
⑰多人数の授業でもお互いに学ぶ機会を設ける					
⑱質疑応答の時間をつくる					
⑲授業内容についていけない時は教員に相談するように伝える					
⑳学生が学習時間を有効に使えるように宿題や課題を明確に指示する					
7) 時間					
21) 学生にとって便利なオフィスアワーをつくる					
22) 授業は時間通りに始めて時間通りに終わる					

(備　考)

「授業改善計画書」(作成例)

1) 能動的学習を促進するために、以下のように授業シラバスを見直します。

　①

　②

　③(以下、同じ)

2) 課題探求能力を育成するために、図書館を利用した課題学習を、以下のように行います(例えば、「指定図書」の活用など)。

3) 双方向型授業を活性化するため、以下のように授業改善します。

4) 学生の自主的学習を促すために、以下のような活動を行います(例えば，グループ活動の導入など)。

5) 学生の理解力を把握するために、以下のような授業改善を行いま

す(例えば,学期途中のアンケート実施など)。

授 業 改 善 計 画 書

授業科目名：＿＿＿＿＿＿＿

教員氏名：＿＿＿＿＿＿＿

☐「授業改善計画書」(例)に記載の項目内容を参考として、学生による授業評価アンケートの調査結果並びに自己診断チェックリストの診断内容を踏まえ、以下の欄に授業改善の計画内容を記入願います。

□先生が実践している授業の「巧みな工夫」などがあれば、ご記入願います。

[自由記述欄]

　大学評価・学位授与機構による認証評価の訪問調査では、この「授業改善計画」に対する評価は良好であったが、教員からの回収率などを考慮し、更なる充実を目指している。

2　授業改善のためのティーチング・ポートフォリオの取り組み

　弘前大学では、授業改善の一環としてティーチング・ポートフォリオの積極的導入の検討をはじめ、教員評価に関する独自の取り組みも行ってきた。たとえば、医学部においては、医学という急速に進歩し、変化の激しい分野では、教員の向上への努力が不可欠であるとの認識から、個々の教員が教育、研究、診察、管理、運営などでの自らの活動を振り返り、将来の活動の方向性を探るとともに、他の教員の活動を知る機会を提供し、教員の努力を鼓舞、激励することも必要であるとの観点から、教員個人の活動が反映される形で、全講座、部門を統一した様式と基準

で自己点検・評価を行い、その結果を「自己評価報告書」として1998年から学内外に公表している[2]。このような考えは、弘前大学が全学で取り組もうとしているティーチング・ポートフォリオにも繋がるものである[3]。

この取り組みは、文科省の2005年度「大学教育の国際化推進プログラム（海外先進教育実践支援）」の申請を通して具体化したもので、2006年度の申請書の概略（案）は、以下のようなものであった。

(1) 本プログラムとの整合性
1) 取組みを実施するに至った動機や背景

中央教育審議会は、『新時代の大学院教育――国際的に魅力ある大学院教育の構築に向けて――』（答申）を平成17年9月5日公表した。博士課程の抜本的な見直しを提言するなかで、従来の自立した研究活動を行う研究者の育成に加え、「確かな教育能力と研究能力を兼ね備えた大学教員の養成を行う」ことが強く求められた。そして、「これまで脆弱であった学生に対する教育方法の在り方を学ぶ教育を提供することが特に重要となる」と指摘している。教育業績は、研究業績に比して評価が困難であったが、担当する授業について創意と工夫をこらして作成したティーチング・ポートフォリオは、教育業績の客観的な評価対象になり得る。ポートフォリオは、すべての教育事項を含む総合的な評価システムであり、最近、学校における「総合的な学習の時間」においてもポートフォリオが積極的に導入され、さらに、中央教育審議会の答申の「単位制度の実質化」にともなって、学生の学習実践記録としてのポートフォリオが重視されるようになった。このような社会的背景の下に、本学では教員の授業改善の具体的なFD活動の一つとして、ティーチング・ポートフォリオの積極的な導入を検討するに至った。

2) 取組みに関するこれまでの検討実績

本学の教員が、研究重視の意識から脱皮できない原因の一つに、研究業績に比べて教育業績の評価の難しさがあげられている。本学のFD

ワークショップにおいても、参加者から大学における教育評価システムの整備について要望、検討され、その際、諸外国の教育研究機関における「ティーチング・ポートフォリオ」について紹介したところ反響が大きかった。教員及び教育の質の向上に関する個々の教員ニーズに応えるためにも、ティーチング・ポートフォリオの導入及び活用は重要であると考えるようになった。

本取組みの推進メンバーは、教職員の海外派遣成果を学内教育に還元するシステムについて、平成16年度から検討を重ねてきたが、教員及び教育の質の向上を目的とするティーチング・ポートフォリオの導入及び活用を積極的に推進することとした。

3) 取組みの目的・目標と大学の教育理念・目標との関連性

本学の教育理念・目標は、グローバルな視点に立った教育を行い、自ら課題を探求し解決する能力を有する自立的な社会人の育成を目指している。これには、教員の授業内容や教育方法に対する絶え間ない創意と工夫が強く求められる。教育業績が客観的に評価できるティーチング・ポートフォリオを積極的に導入できれば、授業改善のみならず、教育効果も飛躍的に向上すると考えられる。ティーチング・ポートフォリオを導入する目的は、主として3つある。第1は、自らの授業を記録し整理することにより、将来の授業の向上と改善に役立てること、第2に、教員の教育活動がより正当に評価され、その努力が報われるための証拠となること、第3に、個々の教員の「優れた授業」「巧みな工夫」「熱心な指導」が共有の財産となって、他の教員にも還元できることである。本取り組みが目指すところの「弘前大学モデル」とは、上記の第1及び第3に焦点を当てたところに特徴がある。

4) 取組みの実施体制及び構成員の役割

実施体制は図4-3の通りである。

実施に当たっては、学長を代表責任者とする。取り組み担当者（推進責任者）として、副学長（教育・学生担当理事）が総括的管理を行う。派遣者は、各学部の教務FD委員から構成され、ティーチング・ポートフォ

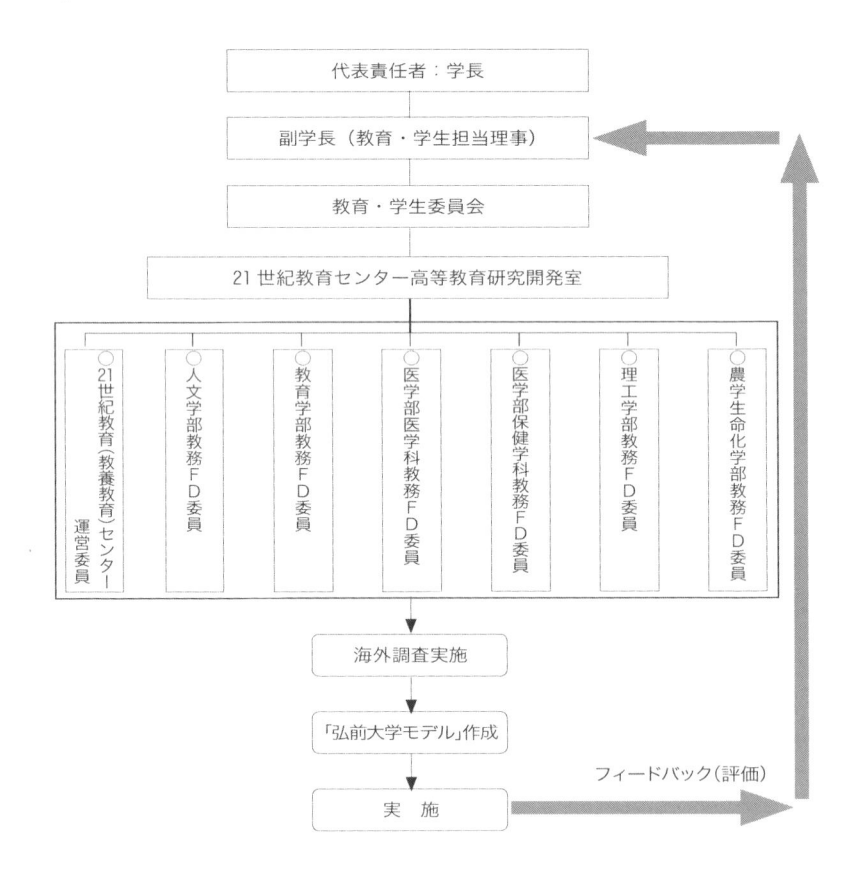

図4-3　実施体制図

リオの導入及び活用における先駆国であるカナダのダルハウジー大学主催の実践的なワークショップに参加し、同大学でのティーチング・ポートフォリオの活用法の調査及び研究を目的に派遣され、帰国後は、本学における同システムの導入から本格的な活用へと展開するためのタスクフォースの任を負う。また、そこでの実施結果に対する評価は、**図4-3**のように，本取組み推進責任者である副学長(教育・学生担当理事)にフィードバックされる実施体制となっている。

本取組みは、事前に予備調査を実施し、周到な計画を立てているので、短期間で効果的な成果が期待できると思われる。帰国後は、授業を補講するだけですみ、本務に支障を来すことはない。

5) 期待される成果と大学教育の改善・反映方法

本取り組みのティーチング・ポートフォリオを積極的に導入することで、飛躍的な授業改善が期待できる。また、個々の教員の教育実践を多くの教員が共有できるメリットもある。具体的な還元方法は、派遣先のカナダのダルハウジー大学におけるティーチング・ポートフォリオの導入および活用状況に関する資料（ビデオ撮影，写真等含む）を学内の機関誌等で発表し、ティーチング・ポートフォリオについての啓発活動を行う。21世紀教育センター高等教育研究開発室を中心として、ティーチング・ポートフォリオの活用状況に関する学内ワークショップおよびシンポジウムを行う。また、ファカルティ・デベロップメント活動の一環として、派遣教員の代表者が、ティーチング・ポートフォリオの作成を目的とするFDワークショップを企画・実施し、各学部における授業改善にフィードバックさせる。

(2) 期待される社会的効果等

平成17年1月の中央教育審議会答申『我が国の高等教育の将来像』では、「教員は教育のプロとしての自覚を持ち、絶えず授業内容や教育方法の改善に努める必要がある」と提言されている。海外に目を向けてみると、例えば、カナダおよびアメリカにおいて，ティーチング・ポートフォリオが積極的に導入・活用されるようになった社会的背景には、大学の授業料の高騰と経営の悪化により、教員の教育内容や教育改善に費やす努力と実績への関心が高まり、大学当局や学生の親から、支払った授業料に見合う研究および教育効果の説明責任（アカウンタビリティ）の一部として、ティーチング・ポートフォリオの役割が注目を浴びるようになったことがある。法人化後の国立大学においても、このような社会的動向は不可避であると思われる。

ティーチング・ポートフォリオは、教員の授業に対する反省材料とな

る。つまり，ティーチング・ポートフォリオにファイルされたアンケート、試験、レポート等の成績および添削状況の資料は、学生へのフィードバックの手がかりとなり、個々の学生の学習過程や進捗状況を把握するための基本データとなって、授業改善およびより良い授業シラバスの作成へと展開するというサイクルが構築される。教員一人ひとりが、ティーチング・ポートフォリオを作成して、主体的に授業改善に取り組むことで、本学の教育の質の向上が十分に見込まれる。

本学では，大学評価・学位授与機構による認証評価を平成18年度に受けるために、各教員の教育活動を証拠づけるための資料収集を行っているが、このようなアンケート、試験、レポート等の成績および添削状況の資料を集めた教育業績記録（ティーチング・ポートフォリオ）の活用法は重要であり、他大学へ与える社会的効果もきわめて大きいと思われる。また、地方の中規模大学である本学の取り組みであるティーチング・ポートフォリオの導入及び活用の実施要項「弘前大学モデル」の作成は、他大学が導入を検討する際のモデルとなりやすい点で、波及効果が期待でき、我が国の高等教育研究機関全体の質の向上に繋がるものと考える。

以上が文科省に提出した申請書の概略（案）である。結果は不採択であった。しかし、ティーチング・ポートフォリオの積極的導入および活用は、本学の授業改善に不可欠であるとの認識から、FD委員を含めた4名の教員でダルハウジー大学でのワークショップに参加して「認定書」が授与された。

大学評価・学位授与機構による認証評価の訪問調査では、この「弘前大学モデル」の構築に高い期待が寄せられた。

3　ロールプレーを用いたティーチング・ポートフォリオの啓発

序章で紹介したように、大学評価・学位授与機構の公開講演会でのセルディンとミラーのロールプレーによるデモンストレーションは、新しい概念をわかりやすく説明するうえで効果的であった。ティーチング・

ポートフォリオのような新しい概念を啓発するには、講演形式のようなものよりロールプレー形式で説明する方が効果的である。たとえば、

- 教員：ティーチング・ポートフォリオとは何ですか？
- FDコンサルタント：耳慣れない言葉ですが、一言で言えば、"What kind of teacher are you?" に対して証拠書類にもとづいて、8〜10頁にまとめたものです。
- 教員：証拠資料とは何のことですか？
- FDコンサルタント：どのような授業を実践しているかを裏づけることができる証拠資料のことです。
- 教員：証拠資料には、どのようなものが考えられるのでしょうか？
- FDコンサルタント：ティーチング・ポートフォリオに利用できる証拠資料は49項目あります。そのなかでも、とくに重要と思われるものが、「学生による授業評価」です。
- 教員：ティーチング・ポートフォリオをまとめる意義はどこにあるのですか？
- FDコンサルタント：「学生による授業評価」の証拠資料にもとづいて教員に省察してもらい、それを授業シラバスに反映させたり、あるいは授業改善に繋げたりしてもらうことです。
- 教員：なぜ、ティーチング・ポートフォリオが注目されるようになったのですか？
- FDコンサルタント：大学における教育の重要性が見直されるようになったからです。これは、世界的な潮流です。たとえば、ヨーロッパ学長会議(1997年)の人事政策の教育職の評価では、教育を大学職の「輝かしい経歴」と提唱しました。
- 教員：ところで、ティーチング・ポートフォリオは、いつ頃からはじまったのですか？
- FDコンサルタント：そんなに遠い昔ではありません。欧米でも日本と同じように、伝統的には "Publish or Perish" の考えが強く、論

文業績で教員は評価されてきました。ティーチング・ポートフォリオは、1986年にカナダでティーチング・ドーシィエー (Teaching Dossiers、フランス語) として生まれ、その後、1989年に、アメリカでティーチング・ポートフォリオとして普及・拡大して現在に至っています。当時、アメリカでは、教育効果および授業料に対する「アカウンタビリティ」の関心が高まったことが普及の原動力になりました。日本の現状と重なるところがあります。

○教員：カナダやアメリカでは、ティーチング・ポートフォリオはどのように利用されているのですか？

○FDコンサルタント：ティーチング・ポートフォリオには4つの用途があります。1) 求職のため、2) 昇進、終身雇用の獲得あるいは受賞 (ベスト・ティーチャーなど) のため、3) 授業への省察 (Reflecting on Teaching) のため、そして 4) 個人の成長 (Personal Growth) のためです。アメリカ・カナダでは、1) と 2) を重視する傾向にありますが、本来は、3) の「授業への省察」が主たる目的で、そのような大学もあります。

○教員：カナダやアメリカにおける教員の昇進は、どのように評価されているのですか？

○FDコンサルタント：大学によって大幅に異なりますが、カナダのダルハウジー大学での一例をあげれば、

1) 研究業績 (論文引用の頻度など)　5点
2) 教育業績 (ティーチング・ポートフォリオにもとづき)　5点
3) 貢献度 (大学や社会への貢献度)　5点

以上の各部門で最低3点以上、総合計で10点以上を目安とします。

○教員：なぜ、ティーチング・ポートフォリオが、日本にも導入されると考えますか？

○FDコンサルタント：これは、国の認証評価の導入と無関係ではないと思います。弘前大学は、大学評価・学位授与機構による認証評価を2006年に受けました。その準備過程で、たとえば、教育学部

の自己評価委員会「教育内容及び方法」が、授業が学生によるアンケート結果をフィードバックしていることを示す資料などの提供を求めました。これは、ティーチング・ポートフォリオに当たります。
○教員：認証評価との関係から、ティーチング・ポートフォリオが注目されると思いますか？
○FDコンサルタント：とても良い質問です。実は、認証評価の認定機関である大学評価・学位授与機構は、2006年8月に公開講演会を東京と京都で開催しました。公開講演の内容は、「授業評価で大学をどう変えるか――アメリカにおける取組みと成果――」というものでした。講師の一人は、アメリカのティーチング・ポートフォリオに関する権威者セルディン (Peter Seldin) という方で、全国から200人以上の関係者が参加しました。大学評価・学位授与機構は、ティーチング・ポートフォリオの関心の高さを受けて、セルディンの英文著書を翻訳刊行すること、そして、彼を再び招聘してティーチング・ポートフォリオに関する特別講演を企画しているようです。ティーチング・ポートフォリオが、今後、認証評価に影響を与えることは必至だと思います。
○教員：ところで、弘前大学におけるティーチング・ポートフォリオの位置づけは、どのようになっているのですか？
○FDコンサルタント：弘前大学では、ティーチング・ポートフォリオが授業改善に役立つとの認識から、2年前より積極的に導入を検討し、2006年5月末から6月はじめにかけて、カナダのダルハウジー大学で本格的な研修を受け、「認定書」が授与されました。まさしく、カナダでの実践を踏まえたもので、全国の大学に先駆けた取り組みだといえます。
○教員：最後に、ティーチング・ポートフォリオは教員のためのものですが、学生のためのポートフォリオのようなものもあるのでしょうか？
○FDコンサルタント：はい、あります。最近、「総合的な学習の時間」に子どもたちが書く「ポートフォリオ」が注目されています。これは、

「ラーニング・ポートフォリオ(学習実践記録)」のことです。大学では、中教審の答申を受けて「単位制度の実質化」が検討されています。具体的には、「授業時間外の学習時間の確保、組織的な履修指導、履修科目の登録の上限設定など、学生の主体的な学習を促し、十分な学習時間を確保するような工夫」が求められています。そのため、従来のような評価方法ではなく、学生がどのようにして授業の到達目標を達成したといえるかをラーニング・ポートフォリオとしてまとめることが推奨されています。これもティーチング・ポートフォリオと同じように、授業改善に繋がるとして導入をはじめる大学も増えています。すなわち、授業改善という視点からみれば、教員のティーチング・ポートフォリオだけでなく、学生のラーニング・ポートフォリオもあわせることで効果的な授業改善に繋がるということになります。

4　授業改善のための「指定図書」の導入と図書探索クイズ

　筆者は、日本の大学改革の成否は図書館の運用にあると考えており、そのためには、どのように図書館を授業改善に繋げるかが鍵となる。そのような認識から、弘前大学附属図書館に「基礎ゼミナール」のために「指定図書」制度を導入した。詳細は、附属図書館報『豊泉』第26号(2006年3月)を参照してもらいたいが、そこでは、「基礎ゼミコーナー『指定図書』について」と題して、以下のように述べている。

　　平成17年度弘前大学FD講演会・シンポジウム(平成17年12月)は、「弘前大学の授業開発と実践」と題し、とくに、平成18年度、新しい学習指導要領で学んだ生徒が入学してくることから、「授業内容の高大接続――各教科作業部会報告――」と題してシンポジウムを行いました。高大接続の重要性が指摘されて久しいが、学習指導要領の改正にともなって、再び、クローズアップされるようになりました。しかし、授業内容だけではありません。演習のような大学独自の授業形態も新入

生の戸惑いの要因となっています。たとえば、「(東京大学の女子学生が)大学に入ってから、自分の頭で考えなさいとか、自分の意見を述べなさいといわれる。だけど、どうすれば自分で考えることができるのか、どうすれば自分の意見を持てるのか。その方法は、高校でも学ばなかったし、今大学でも教えてくれない……」(苅谷剛彦『変わるニッポンの大学──改革か迷走か』玉川大学出版部、1998年、173頁)との声に凝縮されています。東京大学総長で元文部大臣の有馬朗人氏は、演習が大学教育の「要」であると指摘しています。

大学審議会の答申『21世紀の大学像と今後の改革方策について』(平成10年10月)では「課題探求能力の育成」、そして中央教育審議会の答申『我が国の高等教育の将来』(平成17年1月)でも、「単位制度の実質化」を取り上げ、学生に知的な刺激を与え、自主性を引き出し、自学自習の態度を身につけさせる能動的学習を促しています。このような自主的な活動を培うには、演習が重要であって、とくに、初年次の「基礎ゼミナール」は4年間の学士課程教育の成否を決定づけるといっても過言ではありません。

本学の「基礎ゼミナール」の達成目標(5項目)のなかには、1)自主的な学習態度を獲得すること、2)課題発見能力を高めること、3)資料(情報)の検索・収集・整理に関する基本的な技能を習得することなど、図書館を利用することなしに達成できないものばかりです。そのような理由から、本学の附属図書館では「教育・学習支援図書」の一環として、「基礎ゼミナール」の関連図書を重点的に購入し、「基礎ゼミコーナー」を新たに開設しました。これは学生に自学自修のための課題を与え、自主的な学習態度を促すことを目的としたもので、本学では「指定図書(Reading Assignment)」と名づけています。また、学生がいつでも利用できるように、図書館のみでの閲覧を許可し、他の学生の利用の便を考えて貸し出しを禁止しています。この「基礎ゼミコーナー」に「指定図書」を開設したことで、より多くの学生が附属図書館に足を運ぶようになりました。平成18年度も、引き続き、「基礎ゼミ

コーナー」の拡充を目指します。

　「基礎ゼミコーナー」に「指定図書」を開設した理由は他にもあります。教員にも「指定図書」を通して、学生に授業のための課題を与え、「自学自修」を徹底させ、単位の実質化を促してもらいたいとの思いがあります。承知のように、大学における単位制は高校とは違って、1時間の講義に対して、2時間の予習・復習の「自学自修」が課せられています。しかし、多くの教員は講義には熱心であるが、教室外の学生の「自学自修」の課題にまで手が回らないというのが実情です。大学教育学会の2005年度研究集会「学士課程教育と教養教育」（2005年11月、新潟大学）において、角方正幸（リクルートワークス研究所）氏は、課題発見力のような「対課題基礎力」は、教員の授業スタイルによって培われると報告しています。すなわち、「課題探求能力の育成」は教員の授業方法にかかっていることがわかります。附属図書館の「指定図書」システムが、21世紀教育の「基礎ゼミナール」のみならず、専門課程も含めたすべての学士課程教育において共通に実施されることを望んでいます。

　「指定図書」は「基礎ゼミ」だけではない。筆者が担当する21世紀教育テーマ科目「国際社会を考える(D)——日米大学の比較から見た教育と研究の現状」でも用いている。巻末「授業シラバス」の参考資料からもわかるように、履修学生は、「指定図書」の課題を読んでから授業に臨むことになっている。「指定図書」は文献資料だけではない。この授業では、アメリカとの比較を行っているので、アメリカの大学や学校をドキュメンタリーで紹介したビデオ録画やジュリア・ロバーツ主演『モナリザ・スマイル』のDVDも「指定図書」として置いている。とくに、映画『モナリザ・スマイル』は、学生がDVDの映画をみて、1950年代のウェズリー・カレッジにおけるリベラルアーツの授業風景に触れてもらいたいと考えているからである。もちろん、映画『モナリザ・スマイル』について、グループや授業で取り上げて討論する。

この授業の特徴の一つは、学生に「図書探索クイズ」を課しているこ
とである。2005年度の「図書探索クイズ」については、「大学教育と大
学図書館――大学改革は図書館から――」『21世紀教育フォーラム』(創刊
号、2006年3月)を参照にしてもらいたいが、2006年度は、「奥井復太郎『新
制大学への反省』の論文を附属図書館で探して、論文コピーを『講義メモ』
に添付する。出典を必ず明記する」というものである。この目的は、学
生に図書館に足を運んでもらって、本に直に触れてもらうことにある。
豊かな図書館の蔵書に接して、学生に知的好奇心を高めてもらいたいと
考えている。
　2006年9月に、札幌市の北海学園大学で「第56回　東北・北海道地区
大学一般教育研究会」が開催された。分科会2「導入教育のあり方とその
可能性」では、「学生アンケートから見た導入教育の方向づけ」[4]と題す
る興味ある報告があり、学生のアンケート結果にもとづいた貴重なデー
タが紹介されたが、調査結果が示した学生の「教室外学習時間」が少な
いことに驚かされた。
　この調査で、とくに注目したのが、図4-4にみられるように、図書
館の利用が少ないばかりでなく、利用しない原因が「必要を感じない」
(48.2%)となっているところである。
　これは、大学での授業方法が図書館を必要としないことを示唆するも

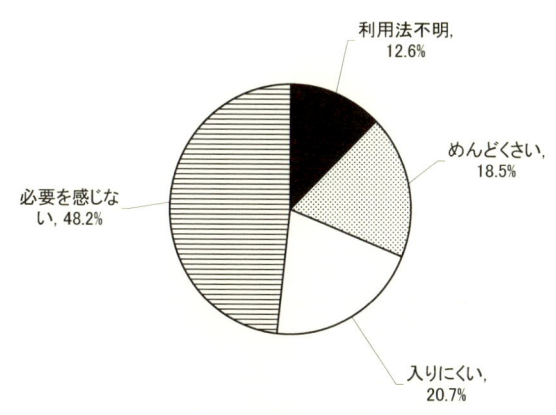

図4-4　図書館利用なしの原因

ので、教授法が講義形式に偏り、教員が「結論」まで教え、学生に予習・復習を課していない証である。これでは、中央教育審議会が提唱する「単位制度の実質化」のための「教室外学習時間」の確保など望めない。『大学評価基準』の「基準5 教育内容及び方法」では、「単位の実質化」への配慮を強く求め、具体的に、「授業時間外の学習時間の確保、組織的な履修指導、履修科目の登録の上限設定など、学生の主体的な学習を促し、十分な学習時間を確保するような工夫」を提言している。しかし、これは学生ではなく、大学側や教員に配慮が求められているのである。このように、授業時間外の学習時間を確保し、学生の主体的な学習を促すためにも図書館の役割がますます重要になってくる。たとえば、「指定図書」を授業シラバスに組み入れたり、「図書探索クイズ」を課したりすることで、教室外学習時間の量的確保および質的向上に繋げることができる[5]。

このような現象は、どの大学でも大同小異である。たとえば、最近の学生の学習・生活状況に関する調査報告書でも、図4-5のように「1ヶ月の読書量」が減少傾向にあることが明らかとなっている。ところが、「奇妙な」現象も起こっている。たとえば、読書量が減少しているからといって、学生が「不真面目」で勉強しないかというとそうではないようである。

少ない読書量はさらに減少傾向にある

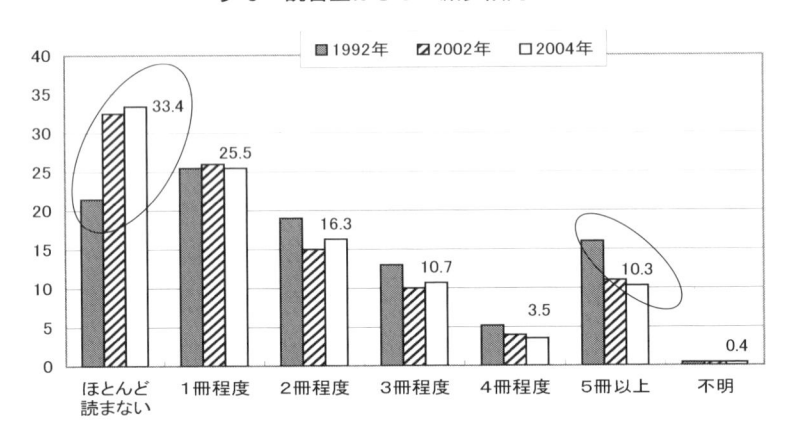

図4-5 1ヶ月の読書量

90％以上が3分の2

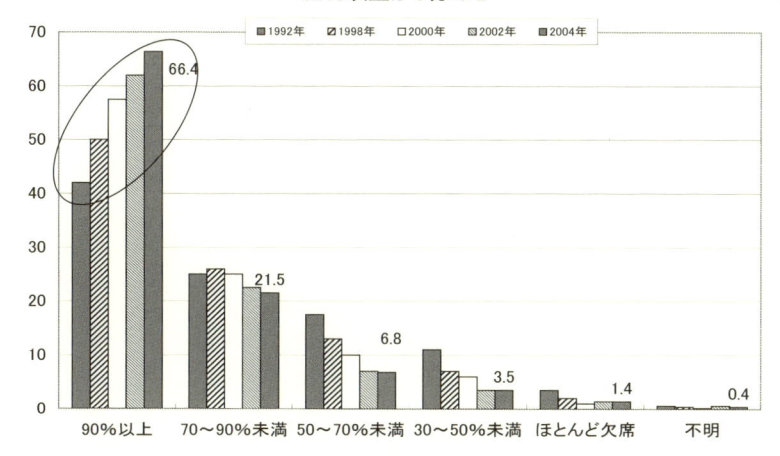

図4-6　授業の出席率

　なぜなら、**図4-6**が示すように「授業の出席率」はきわめて高く、それもより高くなる傾向にあるからである。この調査結果の報告者によれば、「基本的にまじめだが、知的刺激に乏しい」のではないかと分析し、学生を授業に「巻き込む」仕掛けが授業改善に必要であると示唆している[6]。
　弘前大学の2006年度後期「学生による授業評価アンケート」の一項目に「この授業のために、予習・復習の準備を行ったか」を加えたが、この趣旨を徹底するためにも教員の授業方法および授業シラバスの改善が強く望まれる。

5　公開授業・検討会の模索

　弘前大学でも、山形大学を参考に公開授業および検討会をはじめた。開催要項の「要旨」によれば、「組織的なFD活動を推進するために編成された『弘前大学FDネットワーク』が主催し、弘前大学の授業改善のための『公開授業・検討会』を実施します。この『公開授業・検討会』は、授業改善のための教員による相互研鑽を目的とし、授業設計者である教員が自らの授業を振り返り、授業改善に繋げるのみならず、授業参観者

が参観した授業の良い点を見出し、教員の授業改善にお互いに活用するための試みです」となっている。実際に、公開されている授業に参観したがいずれも優れたもので、より多くの教員に参観してもらいたいと感じた。

　序章の「他大学における優れた取り組み」で紹介した山形大学「公開授業＆検討会の留意事項」でも述べたが、公開授業は参観した教員の授業内容を批評することではない。なぜなら、授業は専門分野でない教員にも公開されているからである。授業方法についても自ら授業を積極的に公開しているだけに優れている。公開授業のポイントはどこにあるのだろうか。効果的な授業参観とは、授業シラバスを参照しながら、授業の到達目標が成績評価で測定できるものとなっているか、そのための授業方法が取られているかを考えながら参観することではないかと考える。授業シラバスが、周到に準備されていれば、参観者にもわかりやすいはずである。公開授業は、参観した授業を通して自らの授業を「省察」することにある。

6　オンラインを利用した学期途中のフィードバック

　弘前大学21世紀教育センターFD・広報専門委員会は、オンライン教育システムを利用した学期途中の学生からのフィードバックを2005年度から「試験的」に実施している。最初、システムを十分利用できなかった反省から、独自のマニュアルを作成したことで飛躍的に改善された。学期途中の学生からのフィードバックは形成的評価が目的であって、授業改善に繋げるためのものであるから、設問も以下のような簡単なもので十分である。また、自由記述の欄も設けられ、学生はパソコンを使って簡単に記述できる。また、アンケートの記述は、記名式あるいは無記名式を教員が設定できる。

　　　　設問1．この授業の目的は明確である。
　　　　設問2．この授業の内容は理解できる。

設問3. この授業はまとまりよく組み立てられている。
設問4. この授業の説明や板書、スライド等はわかりやすい。
設問5. この授業の準備は十分に行われている。
設問6. この授業の開始、終了時間は守られている。
設問7. 総合的に判断して、この授業に満足できる。
設問8. この授業で改善を要する点があったら書いて下さい。

　学生は、教育用PCにログインしブラウザを開いたときの最初の画面で、学期途中のアンケートに回答するための方法を指示されるので、教員が説明する必要はとくにない。学生には、教育用PCの指示に沿って学期途中のアンケートに回答するように授業時に指示するだけでよい。たとえば、学生がウエブサイトを開けば、以下のように表示される。

　　現在、一部の授業科目において、授業改善のための中間アンケートを実施しています。
　　このアンケートは、21世紀教育センターが中心になって行うものですが、対象となる授業は、21世紀教育科目に限らず、各学部の授業でも行われます。
　　そこで、当該の授業を受講している皆さんに、このアンケートに協力して下さるようお願いいたします。
　　このアンケートは、学内の教育用コンピュータを利用したオンライン・アンケートです。

　　アンケートの回答は、以下の手順にしたがって行って下さい。
1. Web Class (http://webclass.stu.hirosaki-u.ac.jp/) にアクセスし、ログイン画面を表示します。
2. ログインします。
(UserIDとパスワードは学内の教育用コンピュータにログインする場合と同じです)

3. 最初にコース選択の画面が表示されるので、右下の「参加可能なコース」から当該の授業を選択します。
4. 「テスト／アンケート」の枠の中に、中間アンケートがあるので、それをクリックします。
5. 「開始」のボタンを押せばアンケートが表示されます。
6. アンケートに解答した後、「終了」のボタンを押し、左上の「ログアウトの」ボタンを押せば、ログアウト出来ます。
ご協力よろしくお願いいたします。

21世紀教育センター

なお、オンライン教育システムを利用できるのは、学内のLANに接続されたパソコン(図書館や研究室等を含む)で学外からは利用できない。調査結果は、コンピュータで処理するので、瞬時に結果が出て翌週の授業から改善の参考にできる。この制度が全学的に普及すれば授業改善への顕著な向上がみられ、同時に、学生とのコミュニケーションも円滑になる。これは、大学評価・学位授与機構による認証評価の訪問調査でも注目された。

5章　ティーチング・ポートフォリオ

I　ティーチング・ポートフォリオの理論

1　ティーチング・ポートフォリオとラーニング・ポートフォリオ
(1) ティーチング・ポートフォリオ

　ティーチング・ポートフォリオは、日本の大学ではなじみの薄い概念で、これを本格的に導入しているところは聞かない。だからといって、ティーチング・ポートフォリオの概念がまったくないわけではない。弘前大学は、2006年度に大学評価・学位授与機構による大学機関別認証評価を受けるため、各部局で精力的に準備を進めた。たとえば、教育学部の自己評価委員会「教育内容及び方法」の評価担当グループは、以下のような基礎資料の提供を求めた。たとえば、

　イ）授業の内容が、全体として教育課程の編成の趣旨に沿ったものになっていることを示す資料、ロ）授業の内容が、研究活動の成果を反映したものになっていることを示す資料、ハ）授業が、学生によるアンケートなどの結果をフィードバックしていることを示す資料である。

　これらの資料は、ティーチング・ポートフォリオの概念に近いものである。どのような授業が行われているか、教員の教育活動の記録および教育業績を証拠資料にもとづいて記述した書類がティーチング・ポートフォリオである。文科省による認証評価の導入を契機として、ティーチング・ポートフォリオが積極的に導入されることは必至である[1]。

　大学教員の求人公募をみても、研究業績とは別に教育活動あるいは授

業の抱負を求めたり、二次面接でミニレクチャーを求めたりするところも増えている。これらもティーチング・ポートフォリオの考えに近いものである。このように、ティーチング・ポートフォリオは、教員が自分の授業実践や教育指導を目にみえる形で第三者に伝えるために記録した「教育業績ファイル」を意味する。

　リベラルアーツ教育を重視するアメリカの大学は、授業を最優先している。戦後日本の大学はアメリカ型をモデルにしているので、アメリカと同じように、大学の講義は単位で規定されている。すなわち、1時間の講義に対して予習・復習のために、2時間の「自学自修」が課せられる。そのために講義を担当する教員は、数倍の時間を授業の準備のために費やすことになる。果たして、教員が講義や授業準備のために費やす膨大な時間や労力が正当に評価されているだろうか。研究業績に対する評価に比べて、教育に対する評価が著しく低いことは多くの大学関係者が認めている。それも、研究業績に比べて教育業績は、客観的な評価が困難であるという漠然とした理由によるものである。そのため、多くの大学教員は自分の研究業績を残すために労力を注いでいるが、教育あるいは授業のことになると、そのような記録を残す考えがなかった。

　大学では同じ授業形態で教えることが少ないので、教育に対する評価は容易でない。また、初等・中等学校のように、大学には「学習指導要領」のような一定の基準がないので多様な教授法を可能にしている。そのような状況で、教員の多様な教育業績をどのように評価するかという議論のなかからティーチング・ポートフォリオの考えも生まれた。

(2) ラーニング・ポートフォリオ

　最近、ポートフォリオという言葉を頻繁に耳にする。これは、初等・中等学校において「総合的な学習の時間」の評価方法として導入されるようになったからであるが、厳密にいえば、ラーニング・ポートフォリオのことである。すなわち、生徒が自らの学習過程を省みて自己評価するために、ラーニング・ポートフォリオが適していると考えられた。ポートフォリオは、もともと、持ち運びのできる紙ばさみや折りカバン、書

類入れやファイルを意味するもので、学習過程や学習成果に関する資料や情報を収集することから発展して、学習活動を意味するようになった。ラーニング・ポートフォリオをみれば、一人ひとりの子どもの学習過程や到達状況、さらに取り組むべき課題も明らかになる。このように、ラーニング・ポートフォリオは、子どもの自主的な活動を「総合的」に評価するうえで効果的であるとされ、広く普及するようになった。

このようなポートフォリオにはティーチング・ポートフォリオとラーニング・ポートフォリオの2つがある。ラーニング・ポートフォリオは徐々に普及しているが、ティーチング・ポートフォリオは未だ導入されていない。しかし、ラーニング・ポートフォリオとティーチング・ポートフォリオは異なるものではなく、教員の側に立つか、あるいは学習者の側に立つかの違いによるもので、ラーニング・ポートフォリオの重要性が高まる現状をみれば、文科省の認証評価の導入も相まってティーチング・ポートフォリオの需要も高まるものと思われるが、この分野の研究は遅れている[2]。

2　ティーチング・ポートフォリオの役割
(1) なぜ、ティーチング・ポートフォリオは授業改善に必要か

ティーチング・ポートフォリオは、教員の授業実践に対して「自己反省」を促すもので、授業改善への取り組みのための「診断書」である。

ティーチング・ポートフォリオには、授業シラバス、学生による授業アンケート、学生からのフィードバック、同僚からの授業評価など、授業に関する多くの項目を含む総合的な記録(Comprehensive Record)である。後述のように、ティーチング・ポートフォリオには49項目の証拠資料を含むことができる。しかし、授業実践サンプルを羅列しただけでは、ティーチング・ポートフォリオとはいえない。収集された授業実践サンプルが何を意味し、なぜ選ばれたか、どうして重要なのか、教員の省察(Reflection)を加えなければ意味がない。このなかには、教員自身の「授業哲学(Teaching Philosophy)」という重要な要素も含まれる。どのよう

に優れた授業哲学の美辞麗句を並べても、授業の実践が伴わなければ意味がない。すなわち、ティーチング・ポートフォリオとは、授業実践サンプルに授業哲学が反映され、教員の省察の実践を加えた書類である[3]。

ティーチング・ポートフォリオを必要とする具体的な理由として、①過去の授業を記録に整理することにより、将来の授業改善と向上に役立てることができること、②教員の教育活動がより正当に評価され、努力が報われるドキュメントとなること、③大学の片隅で行われる多くの「優れた授業」「巧みな工夫」「熱心な指導」が埋もれることなく、多くの人の共有の財産となることがあげられる[4]。後述のように、アメリカやカナダにおいては、②が主要な目的となっているが、弘前大学が目指す「弘前大学モデル」とは、①に焦点を当てているところに独自性がある。

この分野の専門家によれば、「ティーチング・ポートフォリオとラーニング・ポートフォリオを上手に組み合わせることが授業改善の秘訣」であると、その役割の重要性を強調している[5]。

3 ティーチング・ポートフォリオの歴史と活動

ティーチング・ポートフォリオの概念が、最初に用いられたのは1986年のカナダ大学教員協会(Canadian Association of University Teachers: CAUT)の後援活動によるものであった。当時、フランス語の「一件書類」を意味するティーチング・ドーシィエー(Teaching Dossiers)と呼ばれ、1989年にアメリカで普及・拡大した。当時、アメリカでは授業料の高騰と経営の悪化により、大学教員が教育と授業改善に費やす努力と実績への関心が高まった。すなわち、大学当局や学生の親が支払った授業料に見合う教育効果の説明責任(アカウンタビリティ)としてティーチング・ポートフォリオが脚光を浴びた[6]。

アメリカ高等教育協会(American Association for Higher Education, AAHE)は、1991年『ティーチング・ポートフォリオ――教育という教授職を記録するために――』と題した冊子を出版して概念の普及に貢献した[7]。

データは古いが、セルディンの『ティーチング・ポートフォリオの上

手な利用』(1993年)によれば、当時アメリカでは、およそ400校の大学やカレッジがティーチング・ポートフォリオを利用もしくは実験的に試行した。それらの多くは2つの目的、すなわち教員評価と授業改善のどちらか、あるいは両方の目的で導入された[8]。

現在では状況が異なっていると思われるが、当時、アメリカの大学・カレッジでティーチング・ポートフォリオを利用した主な大学の例をあげれば、以下の通りである[9]。

- ティーチング・ポートフォリオを教員評価に用いている大学・カレッジ
  ネブラスカ大学リンカーン校(Nebraska University at Lincoln)
  マイアミ・デイド・コミュニティ・カレッジ(Miami-Dade Community College)
  エバグリーン州立大学(Evergreen State University)
  マーレイ州立大学(Murray State University)
  ペイス大学ビジネス・スクール(Pace University's Business School)
  テキサス州立大学(Texas State University)
  カリフォルニア・リベラルアーツカレッジ(California Liberal Arts College)
  ニューヨーク大学英文学部(New York University's Department of English)
  マーケッテ大学(Marquette University)
  ゴードン・カレッジ(Gordon College)他

- ティーチング・ポートフォリオを優秀教育賞選考のために用いている大学
  ピッツバーグ大学(Pittsburgh University)
  メリーランド大学ユニバーシティカレッジ(University of Maryland's University College)他

- ティーチング・ポートフォリオを授業改善に用いている大学・カレッジ
  コロラド大学ボウルダー校(University of Colorado at Boulder)

ハーバード大学 (Harvard University)
ダルハウジー大学 (Dalhousie University, Canada)
ボルティモアー・ニュー・コミュニティ・カレッジ (New Community College of Baltimore)
オッターベイン・カレッジ (Otterbein College)
ボール州立大学 (Ball State University)
ロバーツ・ウェスレヤンカレッジ (Roberts Wesleyan College) 他

ティーチング・ポートフォリオを利用した教員評価あるいは授業改善は、大学やカレッジの基本方針にかかわるもので、大学当局の政策にも影響されやすいことから実態を把握することは難しい。上記の例から、カナダで生まれたティーチング・ポートフォリオを教員評価や授業改善に積極的に繋げているのは、ダルハウジー大学だけである。

4　ダルハウジー大学
(1) ダルハウジー大学学習・教育センター

　カナダのダルハウジー大学は、ティーチング・ポートフォリオの先駆者である。同大学では、これを "Recording Teaching Accomplishment" と呼んでいる。すなわち、「授業実績の記録」と位置づけている。

　同大学学習・教育センター (Centre for Learning and Teaching) では、図5-1のようなティーチング・ポートフォリオに関する冊子 (*Recording Teaching Accomplishment: A Dalhousie Guide to the Teaching Dossier*) を刊行している[10]。

　これが、弘前大学が「ティーチング・ポートフォリオの積極的導入」に取り組むきっかけとなった。

　ダルハウジー大学は、学生数15,500人を擁する州立の総合大学で、研究においても優れた業績をあげている。同大学の学習・教育センター長によれば、同大学は昇進および終身雇用の獲得条件を研究業績に重点を置いたが、総長は、「たとえ、優れた研究業績があっても、授業評価が望ましくなければ、終身雇用（テニュア）は与えない」との考え

図5-1 ワークショップ参加者に配布される冊子

を打ち出し、「教育先導型」を特色づけた[11]。これは、伝統的な"Publish or Perish"からの脱皮を意味した。2005年（9月7日）の総長の所信表明（President's 2005 Annual Report）でも、高校卒業者数の低下にともなって学生確保が厳しくなる状況を反映して、教育を重視する方針を鮮明に打ち出し、「優秀な卒業生は最良の特使（Ambassadors）」と讃えた。

同大学では、優れた教員（ベスト・ティーチャー）に対して特別賞を授与し、父兄が参列する卒業式典で表彰している。これは、大学が教育に力を入れていることを内外に宣伝でき、学生の確保に役立っている。

(2) ダルハウジー大学におけるティーチング・ポートフォリオ

ティーチング・ポートフォリオには、以下の4つの目的がある。

(ア) 求職のため
(イ) 昇進、終身雇用の獲得あるいは受賞のため
(ウ) 授業への省察（Reflecting on Teaching）のため

(エ) 個人の成長 (Personal Growth) のため

　アメリカおよびカナダでは、(ア)と(イ)が重視されているが、これを教員評価に結びつけるのは問題があるとの指摘もある。本来は、「(ウ)授業への省察のため」が重要な目的である。たとえば、アメリカにおいてティーチング・ポートフォリオの普及・発展に貢献し、数々のティーチング・ポートフォリオに関する著書の編著を手がけているセルディンは、ティーチング・ポートフォリオの作成を通して授業の改善や向上に役立てることが価値ある機能であると指摘している[12]。

　ダルハウジー大学には、ティーチング・ポートフォリオの事例を集めた小冊子がある[13]。そのなかから一例をあげれば、ティーチング・ポートフォリオの構成は、以下のようである。

(1) 授業および学習に対する哲学 (Philosophy of Teaching and Learning)
(2) 担当授業についての記述 (Description of Courses Taught)
(3) 教授法 (Teaching Methods)
(4) 授業での他の貢献度 (Other Contributions to Teaching)
　① 学生へのアドバイス (Advising Students)
　② 論文指導 (Supervising Thesis Work)
　③ 個別指導 (Directed Reading Course)
　④ 大学・学部・学科への貢献度 (Contributions to the School, Faculty, and University)
(5) 学生からの情報 (Information from Students)
　① 公式のフィードバック：学生による授業評価 (Formal Feedback: Student Evaluation of Instruction)
　② 非公式のフィードバック (Informal Feedback)
(6) 同僚からの情報 (Information from Colleagues)
(7) 授業改善への努力 (Efforts to Improve My Teaching)
(8) 将来計画 (Future Plans)
(9) 付録 (Appendices)
　① 同僚からの支援書類 (Letters of Support from Colleagues)

② 学生からの支援書類 (Letters of Support from Students)
③ 授業シラバス (Course Syllabi)
④ ダルハウジー大学の学生による授業評価レポート (Dalhousie University Student Ratings of Instruction Reports)
⑤ 哲学部の教員評価 (Department of Philosophy Instructor Evaluations)
⑥ 授業成果のサンプル (Examples of Students Work)
⑦ 授業道具 (Teaching Tools)

これらにもとづいて、8〜10ページ程度にまとめたものがティーチング・ポートフォリオである。

どのようなことが記述されているか事例から紹介する。

(1) 授業および学習に対する「授業哲学」のところは、ティーチング・ポートフォリオのなかで最も重要な箇所で詳細に記述される。ここでは、教員の「授業哲学」が授業内容および授業方法、学生からのフィードバックに反映されなければならない。たとえば、

ハッチンス (Robert Hutchings in Cameron 1999: 6) の著書のなかから、「教育の目的は、学生に事実のみを詰め込むだけでなく、考えることを促し、学生のことを考えるようにする」の箇所を引用している。これは、この教員の授業および学習に対する教育方針を表明している。さらに、授業および学習が教員の生涯を通して責任ある仕事と位置づけ、人生哲学および職業への基本姿勢を鮮明にしている。また、教員自身も授業を通して学ぶことの恩恵を受けていると省察し、教えることと学ぶことには不可分の関係にあり、教室では教員でもあり、学習者でもあり、相互に教えたり、学んだりすることができる。さらに、学生に学ぶ刺激を与え、能動的に学習させ、多様な経験や興味をもたせ、学習に多様な選択肢があることを学ばせる。

以上は、この教員の「授業哲学」であるが、これはアメリカおよびカナダの大学で最も活用される「優れた授業実践のための7つの原則」[14]にもとづいている。

(2) 担当授業のところでは、どのような授業を担当したか。学士課程

かそれとも大学院かを授業ごとに記述し、履修生の数、教授法についても書かれている。
(3) 教授法に関しては、授業の目的を達成するためにどのような授業形態や方法がとられているか記述している。たとえば、授業でペアー・ティーチング（Peer Teaching）を導入したことで、学生の課題、授業、学習過程での理解を深め、授業、コミュニケーション、プレゼンテーションの実践的な技術や経験に繋がった。ペアー・ティーチングの実践は、ビデオテープに収録され、学生がプレゼンテーション・スタイルや技術を学ぶことができた。ペアー・ティーチングは多くの学生に授業や学習に興味や刺激を与えた。
(4) 授業での他の貢献度については、以下のような具体的な記述がある。

　アドバイスを通しての授業外の相互交流は、授業にも有意義であった。また、学生から教員への接触や指導力も高く評価された。論文指導では、現在12名の学生の論文指導および2名の学生の副査を行い、個別指導では約12名の大学院生に研究指導を行い、指導を通して多くのことを学んだ。大学・学部・学科への貢献度については、専門カリキュラムの側面で貢献できた。
(5) 学生からの情報については、以下のように記述している。

　学生による授業評価が、評価委員の最も関心があるところから、実際の授業評価について図表を作成し、過去のデータと比較しながら、省察（Reflection）を加えている。たとえば、この教員は学部および大学院を合わせて「環境学」に関する4科目の授業を担当している。

　表5-1は、「大学院の環境学授業評価（1997年～2001年）の平均値」の比較表で、質問「他の大学で履修した教員の授業と比較して、この教員の授業に対する総合力をどのように評価しますか？」の平均値を表したもので、5段階方式の1（Very Poor）、2（Poor）、3（Satisfactory）、4（Good）、5（Excellent）となっている。**表5-2**は、「学士課程の環境学授業評価（1995

表5-1 大学院の環境学授業評価（1997年～2001年）の平均値

質問「他の大学で履修した教員の授業と比較して、この教員の授業に対する総合力をどのように評価しますか？」

年　度	上記質問項目に対する回答の平均値 ダルハウジー大学の学生による評価法（履修登録／回答率 %）		
	環境学5000 環境学入門	環境学5047 保護地区管理	環境学5480 環境倫理
1997/1998	3.8 (22/50%)		
1998/1999	3.4 (23/70%)		4.3 ; 4.5 (3/60% ; 2/100%)
1999/2000	3.7 (23/83%)	4.6 (7/71.43%)	4.7 (9/100%)
2000/2001	3.6 (23/100%)	4.0 (9/88.89%)	4.8 (4/100%)

評価基準　1 (Very Poor) 2 (Poor) 3 (Satisfactory) 4 (Good) 5 (Excellent)

表5-2 学士課程の環境学授業評価（1995年～1999年）の平均値

質問「すべてを考慮したうえで、この教員の授業の全体的な良否をどのように評価しますか？」

学期／年度	履修登録	回答数	上記質問に対する回答の平均値（学部評価）
冬学期 1995/96年	50	26	4.3
春学期 1998年	27	19	4.5
冬学期 1998/99年	98	66	4.3
夏学期 1999年	25	17	4.5

評価基準　1 (Very Poor) 2 (Poor) 3 (Satisfactory) 4 (Good) 5 (Excellent)

表5-3 3つの大学院授業の年度別平均値

質問*	環境学5000		環境学5047		環境学5480	
	2000/01	1999/2000	2000/01	1999/2000	2000/01	1999/2000
4	4.3	4.1	4.8	4.8	4.8	4.8
5	4.2	4.6	4.6	4.6	5.0	4.4
6	4.3	4.5	5.0	5.0	4.8	4.8
7	4.3	4.8	4.9	5.0	5.0	4.8

評価基準　1 (Very Poor) 2 (Poor) 3 (Satisfactory) 4 (Good) 5 (Excellent)

*
質問4「この教員は、担当科目を教えるうえで興味と熱意を示しましたか？」
質問5「この教員の学生の評価や採点は、公平かつ妥当なものでしたか？」
質問6「課題や試験に対して意義ある適切なフィードバックが学生に与えられましたか？」
質問7「この教員は、学生に対して誠実な対応を示しましたか？」

年〜1999年)の平均値」の比較表で、質問「すべてを考慮したうえで、この教員の授業の全体的な良否をどのように評価しますか？」の平均値を表したものである。表5-3は、「3つの大学院授業の年度別平均値」についてのもので、質問4「この教員は、担当科目を教えるうえで興味と熱意を示しましたか？」、質問5「この教員の学生の評価や採点は、公平かつ妥当なものでしたか？」、質問6「課題や試験に対して意義ある適切なフィードバックが学生に与えられましたか？」、質問7「この教員は、学生に対して誠実な対応を示しましたか？」の各質問項目に対する平均値を示したものである。

　日本の大学でも「学生による授業評価」を導入しているが、両者には顕著な違いがある。たとえば、日本の場合は、「この授業の目標目的は明確だった」「この授業の内容は理解できた」「この授業はまとまりよく組み立てられていた」「この授業の説明や板書、スライド等はわかりやすかった」「この授業の準備は十分行われていた」「この授業の開始・終了時間は守られていた」「総合的に判断してこの授業に満足した」など、「漠然」と授業に対する質問をし、しかも、評価基準も「１＝全くそう思わない；２＝そう思わない；３＝どちらともいえない；４＝そう思う；５＝強く思う」で回答させるというのが一般的である。それに対して、北米の大学では「教員」の授業を具体的かつ客観的に評価させる厳しいものとなっている。これは、北米の大学における「学生による授業評価」が、教員の昇進・終身雇用・受賞に直結しているからである。

　この事例の教員の学生による評価の平均値は、驚くほど高い数値で、実際はこれより厳しい評価にあるのが一般的である。後述するように、ダルハウジー大学のティーチング・ポートフォリオのワークショップでは、准教授から教授昇進を目指す教員とパートナーを組んだが、彼女の評価の平均値は3.5レベルであったが、それでも高いと自負していたほど、「学生による授業評価」は、学部による違いはあるが概して厳しいようである。

　学生からの授業に対する非公式のノートも抜粋している。

(6) 同僚からの情報に関しては、授業実践に関する業績(Teaching Accomplishment)について肯定的なコメントの一部を抜粋している。
(7) 授業改善への努力については、効果的な授業改善に真摯に取り組み、刺激的な学習を行うための方法論に焦点を当て、教室において多様な学習形態や能動的学習方法に取り組むための必要な参考文献を列挙している。
(8) 将来計画については、授業科目、授業方法や教材の改善に努力するとして、具体的に2点をあげている。すなわち、①カリキュラムに体験的な学習機会を多く取り入れる、②パワーポイントを導入して授業方法を向上する。最後に、授業および学習に最善の努力を尽くすことを約束し、教えることに誇りをもつと結んでいる。

これは、ダルハウジー大学のティーチング・ポートフォリオのワークショップに参加した教員が書いたものを冊子として公表したもので、必ずしも、ティーチング・ポートフォリオの模範というわけではない。

5 授業哲学(Teaching Philosophy)
(1) どのように授業哲学を書けばよいか

ティーチング・ポートフォリオを作成するうえで最も重要なものが、「授業哲学」である。これは、授業および学習に対する教員の「哲学」である。アメリカおよびカナダの大学における人事採用では、研究業績とは別にティーチング・ポートフォリオの提出が求められる。この場合、「授業哲学」について1ページ程度にまとめたものを提出する。

日本の大学では、教員が自らの「授業哲学」を明確にすることは一般的でないので、どのようにして書けば良いか見当もつかない。そこで、「授業哲学」を書くためには、次のようなことを考慮すると書きやすいと思われる。たとえば、

1) 授業について何が大切だと思うか。なぜ、そう思うか。
2) 学習について何が大切だと思うか。なぜ、そう思うか。
3) 授業の到達目標は何か。学生に何について学んでもらいたいか(た

とえば、授業内容、批判的思考力、生涯学習の方法、問題解決法など)。
4) 授業の到達目標を達成するためにどのような授業方法を用いようとしているか。
5) なぜ、教えるのか。なぜ、教えることが重要だと考えるか。

6 ティーチング・ポートフォリオに含まれる49項目
(1) ティーチング・ポートフォリオにどのようなものが含まれるか

カナダ大学教員協会によれば、ティーチング・ドーシィエー(Teaching Dossier)とは、「教授の主要な教育的達成とその優秀性の要約」であるとして、そのなかに含み得る文書のサンプルとして「49項目のリスト」を掲げている[15]。その分類および内容の要点は、以下のようである。

(A) 良い授業成果を裏づける書類として(11項目)、
① 学習成果を示す証拠となるテスト結果。たとえば、教員が準備したもの、あるいは標準テストによるもので、授業前と授業後の比較ができるもの。
② 実習室でのワークブックあるいは学習記録
③ 小論文、創作活動、プロジェクトおよびフィールド調査結果
④ 授業に関連した出版物
⑤ 優秀学生、大学院の修士および博士論文に効果的な指導をした証明
⑥ 他の授業においても、同教授を選択したことを示す記録
⑦ 履修生の大学院への進学記録、など

(B) 教員側から提出される書類として(6項目)、
① 授業担当のリスト
② 準備した教材の記述
③ オフィスアワーの利用状況、など

(C) 授業評価および授業改善のステップを記録した書類として(13項目)、
① 自己評価からの授業改善を記録した書類
② 授業改善の教材の検討を裏づける書類

③（他大学の）同僚と授業に対して、情報交換したことを裏づける書類
　　④ 授業や科目に関する研究会の実施報告書
　　⑤ 授業改善のための学会、セミナー、ワークショップなどの教育活動への参加記録
　　⑥ 授業あるいはカリキュラム開発への参加記録
　　⑦ 教科書および教材の準備記録
　　⑧ 新たな教授法および効果的な評価法の試みを裏づける書類、など
(D) 学生からの証拠として（6項目）、
　　① 学生による授業評価データ
　　② 学生委員会からの授業評価に対するコメント
　　③ 授業後の学生へのインタビュー記録
　　④ 学生による「ベストティーチャー賞」の受賞
　　⑤ 学生による非公式な評価記述。試験に対するコメント、授業終了後の手紙およびE-Mailの記録、など
(E) 同僚からの証拠として（6項目）、
　　① 同僚からの授業参観に対する陳述書
　　② 他大学の同僚からの陳述書、など
(F) その他（7項目）
　　① 大学理事あるいは他大学からの教育業績に対する陳述書
　　② 卒業生からのフィードバック
　　③ 学生の両親からのコメント、など

(2) ティーチング・ポートフォリオ（49項目）のトップ10とは

　ティーチング・ポートフォリオ（49項目）のなかで「トップ10」に選ばれ、頻繁に用いられるものは、以下の各項目である。
　　① 学生による授業評価データ
　　② 授業担当のリスト
　　③ 準備した教材の記述
　　④ 授業改善のための学会、セミナー、ワークショップなど教育活動

への参加記録
⑤ 同僚からの授業参観に対する陳述書
⑥ 新たな教授法および効果的な評価法の試みを裏づける書類
⑦ 非公式な学生による評価記述。試験に対するコメント、授業終了後の手紙およびE-Mailの記録
⑧ 授業あるいはカリキュラム開発への参加記録
⑨ 優秀学生、大学院の修士および博士論文に効果的な指導をした証明
⑩ 実習室でのワークブックあるいは学習記録

以上からも、「学生による授業評価データ」が重要であることがわかる。

7 授業改善のためのティーチング・ポートフォリオの効果

ティーチング・ポートフォリオが教育活動を記録するだけでなく、教育活動を評価するものであるとするならば、優劣を判断するシステムが必要となる。とくに、アメリカおよびカナダの大学のように昇進や終身雇用の獲得、優秀教育賞の受賞などの選考人事に用いられる場合、点数化する必要が生じる。しかし、大学の授業が個性的であるように、ティーチング・ポートフォリオも個性的でユニークなものであるため、優れた個々の授業の比較評価は容易でない。もともと、ティーチング・ポートフォリオは、「優れた授業」ではなく、「優れた点を多くもつ授業」の方が高い評価を受けやすいシステムとなっていて評価の対象としては不向きであるとの指摘もあるが、個々の授業改善を向上するという点では大きなメリットがある。

大学組織としてティーチング・ポートフォリオを最も早くから評価に繋げた大学にアメリカのセント・ノルバート・カレッジ(St. Norbert College)がある[16]。同カレッジでは、ティーチング・ポートフォリオの原型が1978年に、ホーン(Robert L. Horn)学部長によって導入され、教員がよりオープンに、包括的に首尾一貫して建設的に評価できる組織として奨励された。

たとえば、同カレッジのポートフォリオ評価プログラムは5段階からなっている。そこでは、まず、講座教授(Division Chair)からのオリエンテーションが若手教員に対して行われ、自己評価の手引きハンドブックが渡される。続いて、合意に至った教員は指導員の援助の下で、①学生の意見や調査、②シラバスや授業の教材、③学生インタビュー、④同僚、同じ分野の教員、一般人からの意見、⑤これまでに行った評価の結果を収集する。第3段階として、教員はその文書に、①自分の教育業務内容、②教育哲学・方法論、③教育効果の向上への努力、④自己批判、そして⑤短・長期の目標についての叙述を加えて、自己評価エッセイを書く。次の段階では、講座教授は指導員の協力により、ポートフォリオにもとづく通常2～4ページの講座報告書を作成する。報告書は該当教員にも渡され、講座教授と自由な議論が許される。最後に、自己評価エッセイ（ポートフォリオを含む）と講座報告書、その他のコメントが一つにされて、教員評価ファイルとして学部長に提出される。ファイルは、部外秘とされ、公表するためには当該教員の文書による許可が必要とされる。このプロジェクトでは、結果よりも作成過程での議論と交流が大きな成果をあげた。

　しかしながら、セント・ノルバート・カレッジでは、これを「伝統的なティーチング・ポートフォリオ」と位置づけ、現在は継続していない[17]。
　ティーチング・ポートフォリオのもつ可能性は大きいが、作成に費やされる労力は看過できない。このような努力がどれだけ授業改善に効果的に繋がっているかについての実証的な研究は少ない。この分野の先駆的な研究者である杉本均は、これに関連してアーカンザス大学のマクマホン(Dana C. McMahon)の学位論文の成果を紹介している。これは、大学教員がティーチング・ポートフォリオの作成にコミットすることが、授業の改善にどれほど効果があるのかを「学生による授業評価」のスコアの変化から測定した事例研究である。ティーチング・ポートフォリオの作業は、授業改善に大きな可能性をもつ試みであるが、「学生による授業評価」という単一の測定からはその効果を実証することはできな

かったと結論づけた。その原因として、ティーチング・ポートフォリオの作成や学生評価に同意する教員の多くは、日頃から授業の改善や工夫に熱心で、すでに自分の授業に自信のある教員であり、短期間で学生の評価に大きな変化を起こすほどの改善の余地がなかった可能性があると分析した[18]。この調査分析は、「学生による授業評価」のみでは客観的な評価が困難であることを示唆している。すなわち、ティーチング・ポートフォリオは「学生による授業評価」だけでなく、他の教育事象を総合的に評価したものでなければ意味がないことを示唆するもので、前述のセルディンの指摘とも共通する。

たしかに、ティーチング・ポートフォリオをアメリカおよびカナダの大学のように教員の能力を評価するシステムとして用いる場合には、問題がないとはいえない。しかし、これを教員の授業改善に役立てる目的に用いれば、優れた教育実践となる。たとえば、「ポートフォリオが教員の能力の信頼に足る証拠となり得るのか、という点について、いくつかの側面で問題はあった。しかし、長期間の教員の教育活動と学生の学習活動の双方を同時に文書的に眼前に展開し、しかも両者のインターラクションまでも示し得るという可能性はポートフォリオにのみユニークなものである」[19]との指摘は、「ティーチング・ポートフォリオとラーニング・ポートフォリオを上手に組み合わせることが授業改善の秘訣」であると考える教員にとっては示唆に富むものである。

II ティーチング・ポートフォリオのワークショップ

1 ダルハウジー大学のワークショップ

ダルハウジー大学は、1995年以来、ティーチング・ポートフォリオのためのワークショップを実施し、カナダはもとよりイギリス、アメリカから毎年15名（定員）が参加している。このような本格的なFDワークショップを行っている大学は他に類がない。ダルハウジー大学は、ティーチング・ポートフォリオのワークショップを "Recording Teaching Accomplish-

5章　ティーチング・ポートフォリオ　129

写真アルバム・イベント
ティーチング・ポートフォリオワークショップ
（2006年5月29日～6月2日）

ファカルティ・クラブ前に勢揃いした参加者

ロビーで参加者と弘前大学の教員たち

コンサルタントとランチする参加者

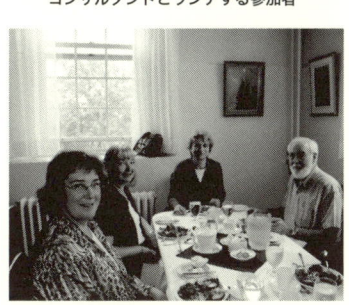

『東奥日報』の新聞記事の紹介

昼食会と認定書授与式

図5-2　ダルハウジー大学学習・授業センターのウエブサイト

ment Institute"と名づけているように、修了者には「認定書」が授与される。

　弘前大学では、ティーチング・ポートフォリオが授業改善に不可欠との認識から、前述のように4名の教員が同大学の2006年度のワークショップに参加した。もちろん、日本からの参加者ははじめてのことで、ティーチング・ポートフォリオの意義が国際的にも高く評価された。図5-2の写真は、ダルハウジー大学のウエブサイトに掲載された2006年度のワークショップの関連写真で、『東奥日報』(2006年6月10日付)で報じられた記事も紹介された。

2　ティーチング・ポートフォリオのテンプレート

　ダルハウジー大学では終身雇用の獲得、昇任人事、そしてベストティーチャー賞の審査のためにティーチング・ポートフォリオの提出が義務づけられている。そのため、教員がいつでもティーチング・ポートフォリオを作成できるようにマニュアルを用意し、ウエブサイトでテンプレート(ひな形)を公開している。このテンプレートを参照すれば、簡単に作成することができる。テンプレートは、以下のような構成となっている。

　　　　　　ティーチング・ポートフォリオ(ドーシエー)
　名前
　学部・学科
　○○大学

　Ⅰ　概要
　　概要のみを書く。多くの人からティーチング・ポートフォリオが提出されるので時間を十分に割けない。委員会の委員は慎重に読むが、他のものは「拾い読み」程度に過ぎないので最善のものだけを書く。

　Ⅱ　授業担当の概略
　　どのような授業科目を担当しているかの記述あるいは授業活動につ

いてまとめる。テンプレートは参考のためであって、自由に書き直すことができる。現在、どのような授業を担当しているかが中心となるが、必要なら過去のもの、あるいは他大学での記録も簡単に記述することができる。詳細については、『ダルハウジー大学のティーチング・ポートフォリオ作成に関するガイドブック』(Carol O'Neil and Alan Wright, Centre for Learning and Teaching, *Recording Teaching Accomplishment: A Dalhousie Guide to the Teaching Dossier* 28～32ページ、以下同じ）を参照。

1) 歴史的視点および現状

授業担当の現状を説明するうえで歴史的な視点は役立つ。授業科目をどのような経緯で担当することになったのか。授業内容に興味があったからか、それとも、それ以外の理由によるものか。授業概念は自分のものか、それとも誰かのものか。授業は暫定的なものか、それとも継続して教えるものか。授業は、学部や学科でどのような役割を果たしているか。

2) 授業担当科目

授業科目名
　授業概要および内容の概略は、「付録」の証拠資料と照合させる。

授業科目名
　授業概要および内容の概略

授業科目名
　授業概要および内容の概略

3) 学生へのアドバイス

学生へのアドバイスをしているか。それはどのような立場からのものか。そのことで何が得られたか。

学生からの引用文を添付する場合、それは学生に要求したものか、そうでないかも記載する。

4) 実習科目の組織化および概観

この仕事にどのように関わったか。

Ⅲ　ティーチング・フィロソフィ

　ティーチング・ポートフォリオでの省察は授業活動を詳しく述べるために必要である。評価者に対して、教員の仕事を評価してもらう資料を提供するもので、ティーチング・ポートフォリオの重要な要素となる。授業担当の情報と一緒にすることもできる。学部によってはティーチング・フィロソフィについての記述をティーチング・ポートフォリオの最初に置く場合もある。詳細は、前掲の『ダルハウジー大学のティーチング・ポートフォリオ作成に関するガイドブック』の33〜39ページを参照。

Ⅳ　カリキュラム開発および改善

　カリキュラム開発および改訂には多くの時間と労力を費やすにもかかわらずあまり認められない。これに関連することをアウトラインにして「付録」の証拠資料と一緒に簡潔に述べる。詳細は、前掲の『ダルハウジー大学のティーチング・ポートフォリオ作成に関するガイドブック』の40〜42ページを参照。

　授業科目名
　　授業概要および内容の概略
　授業科目名
　　授業概要および内容の概略

Ⅴ　教材開発

　「目に見えない」仕事を評価してもらう機会である。たとえば、研究、授業で使用する材料の準備、意義ある課題の工夫、そして学生の向上の評価などである。アウトラインを「付録」の証拠資料と一緒に簡潔に述べる。詳細は、前掲の『ダルハウジー大学のティーチング・ポートフォリオ作成に関するガイドブック』の40〜42ページを参照。

Ⅵ　授業改善への努力

1) 授業科目
授業科目のリスト
2) 学会への参加
教育に関する学会への参加
3) ワークショップへの参加
ダルハウジー大学のティーチング・ポートフォリオの研修および他の教育のワークショップを含むことができる
4) ペア・コンサルテーションへの参加
同僚から求められた助言

Ⅶ 学生からの情報
1) 学生からの公式なフィードバック
学生による授業評価に関する情報
学生による授業評価に対する反応はどうだったか。結果に満足しているか。学生による授業評価にもとづき授業のあり方に改善する点があるか。詳細は、前掲の『ダルハウジー大学のティーチング・ポートフォリオ作成に関するガイドブック』の59〜62ページを参照。

図表

「他の大学で履修した教員の授業と比較して、この教員の授業に対する総合力をどのように評価しますか？」 1 (Very Poor) 2 (Poor) 3 (Satisfactory) 4 (Good) 5 (Excellent)

科目	1999	2000	2001
INTRO1000	3.2	3.8	4.2
GRAD 5000	3.8	4.1	3.2

2) 学生からの非公式なフィードバック
学生からのメモや手紙を抜粋し、全文を「付録」に添える。

Ⅷ　同僚からの情報

　陳述書を書く同僚をリストする（なぜ、書くことになったか理由を説明する）。陳述書を「付録」に添付する。

Ⅸ　授業への貢献

　教育業務や委員会業務について評価者に評価してもらいたいことを説明する。

Ⅹ　将来の授業目標

　将来の抱負や目標達成に向けてどのようなことをするかを明らかにする。これから授業で何を教えたいか、そのような授業科目を開発できるかどうかも記載する。

　付録
　授業シラバス
　学生の学習証拠
　学生による授業評価
　INTRO1000の授業での資料開発
　同僚および仲間からの手紙
　学生の成果サンプル

3　ワークショップの実践ノート

　カナダのダルハウジー大学における5日間のティーチング・ポートフォリオのワークショップについて詳細なノートをつけた。重複するところもあるが、以下に紹介する。同ワークショップには、ダルハウジー大学関係者も含めて25名が参加した。登録後、参加者に資料とネームタグが手渡された。学外者には学内のパソコンが使用できるように、ユーザー名とパスワードがネームタグ裏に記載された。ティーチング・ポートフォリオは、ダルハウジー大学では昇進人事や終身雇用の獲得に必要

なもので、作成することが義務づけられている。同大学からの参加者全員が昇進人事の目的のためであった。

　スケジュール表に従ってパワーポイントを用いながら、ワークショップのオリエンテーションがはじまった。"Peer Pair Introduction"では相互でパートナーを紹介するというものであった。相手の名前、所属、担当教科の紹介のみならず、「教育以外の珍しい仕事についた理由について」をグループ全体で紹介した。

　ティーチング・ポートフォリオの目的は、1)求職、2)終身雇用の獲得、昇進人事、3)授業への省察、4)個人の成長のためであるが、ダルハウジー大学からの参加者は1)と2)に集中した。弘前大学の参加者の目的は3)であった。

　次に、"Peer Pair Reflections"と題して最も優れた教員が誰であったか。なぜ、そう思うか、どのような影響を与えたか議論した。筆者のパートナーは、学生時代の教員が300人の学生の名前を覚え、親密なコミュニケーションを取ったこと、担当科目に興味をもって教えてくれたこと、速やかにコメントしてフィードバックをしたことをあげた。筆者は、コロンビア大学時代に学んだ教授が歴史を年代順に教えるのではなく、現状分析から遡って原因分析する社会学的なアプローチで歴史教育に興味を抱かせてくれたこと、学問に対する柔軟な姿勢を教えてくれたことをあげた。それぞれのグループから出されたベスト・ティーチャーの資質について以下の23項目があげられた。これらが参加者が描くベスト・ティーチャー像ということになる。

　1) 事例を示すことのできる教員
　2) 学生との関わりをもつことのできる教員
　3) 具体的に事例を示すことのできる教員
　4) 魅力的な教員
　5) クラスをまとめることができる教員
　6) 学生の世話をしてくれる教員
　7) 授業科目に熱意がある教員

8) ユーモアのセンスがある教員
9) 学生を信頼することができる教員
10) 学生に質問を促すことができる教員
11) 速やかにフィードバックして、学生の向上を見守る教員
12) 多様な指導ができる教員
13) 多様な学習形態を認める教員
14) 学習の向上を支援できる教員
15) 学生間のコミュニケーションを奨励する教員
16) 学生に対して高い期待感をもつ教員
17) トピックに興味をもつ教員
18) 学生の向上に挑戦する教員
19) 教えるタイミングのとれる柔軟な教員
20) 学習を奨励し、新しい考え方を教室に持ち込む教員
21) 情報だけではなく、学習方法を指導できる教員
22) 道徳上の規範を学生に教えることができる教員
23) 優れたコミュニケーションがとれる教員

上記の23項目のリストとパートナーとあげた個別リストを比較した。

"Your Teaching Responsibilities"と題して、学習に積極的な影響を与える教員の資質がどのようなものか議論し、どのようにして評価者に伝えられるかが重要であると指摘された。

"Elements of Your Teaching Dossier"に関連して、前述のティーチング・ポートフォリオに含まれる49項目のリストが紹介された。

前述したように、ティーチング・ポートフォリオのなかで最も重要なものが"Teaching Philosophy"である。2ページ程度にティーチング・ポートフォリオにまとめる場合は、Teaching Philosophyのみを書いて提出することができる。Teaching Philosophyの目的では、教員が授業する根本的理由(Rationale)を述べ、教えることの必要性を明確にする。すなわち、なぜそう思うか"Why"の部分である。評価者が何を期待しているか考えながら書く。たとえば、終身雇用の獲得を目的にするものなのか。それ

とも昇進人事なのか。ベストティーチャー賞なのかによって書く内容も異なる。使用目的が明確であれば、内容にも説得力が出る。日本のように採用時から終身雇用が多い場合、教育評価も乏しく、インセンティブも弱くなり、ティーチング・ポートフォリオの動機づけが乏しい。日本ではティーチング・ポートフォリオの役割が、教員評価よりも教員が授業を省察して授業改善に繋げることが重要である。

　ここでは、授業を概念的に説明する必要がある。どのような理論にもとづく授業か、どのような授業法なのか、教員の授業および学習に対する哲学 (The Philosophy of Teaching and Learning) がどのように授業に反映しているかを明確にする。"How" の部分である。学習到達度では何を求めるか。将来の目標や抱負についても述べる。

　学生の学習に焦点を当てることが最も重要である。教員の授業改善への取り組みに対して、学生の反応がどのようなものであったかが注目される。たとえば、評価委員がティーチング・ポートフォリオを読んだ後、教員が教室内で学生とどのようなコミュニケーションをとっているかが具体的にイメージできる表現にする。授業方針が大学 (機関)、学部、学生組織の枠内で関連づけられている。たとえば、国立大学のように明確な教育理念が乏しいところでは、なぜ、必要なのかを表現しにくい。その点、私立大学には建学の精神があるので、大学の特徴およびどのような学生を育てるかが明確なのでティーチング・ポートフォリオもまとめやすい。「偏差値」で入学者選抜を行い、安易な成績評価で卒業させ、アカウンタビリティーの弱い社会構造ではティーチング・ポートフォリオの説得力も弱い。

　ティーチング・ポートフォリオは、アメリカおよびカナダでは自己研修するものであるとの印象が強かった。筆者のコンサルタントは、同副センター長セフィールド (Suzanne L-May Sheffield, Associate Director) であった。前年度彼女にティーチング・ポートフォリオについてインタビューしたことが、今回のワークショップの参加に繋がった[20]。

　ティーチング・ポートフォリオの講演やワークショップを行った経験

はあったが、自らのティーチング・ポートフォリオを作成したことはなかった。以下が筆者のティーチング・ポートフォリオに対するコンサルタントからのコメントである。

1) 全体的にティーチング・ポートフォリオの形は整っているが、肉づけが弱い。なぜ、必要とするかが欠如している。
2) Philosophy of Teaching and Learningの部分で、Active LearningやStudent-centered Classroomの重要性が書かれているが、"Why"の部分が欠落している。この部分の大幅な書き直しが求められた。
3) Description of Courses Taughtでは、過去5年間の授業を比較することで、どのような変動があったか客観的にみることができる。
4) Teaching MethodsとFuture Plansを一緒にまとめる。
5) Other Activitiesについて、より具体的にまとめる。たとえば、
   (1) Curriculum Development
   (2) Professional Development of Teaching
   (3) Service to Teaching
   (4) Teaching Publication

を4つの項目に分けて詳細に述べる。49項目のリストから自分に適した証拠資料を探す。

次回のコンサルテーションの日時を決めて別れ、コンサルタントの助言に従って、ティーチング・ポートフォリオの修正をはじめた。

次のワークショップ全体会議では、ティーチング・ポートフォリオがどのように評価されるかという視点から2名のゲストによる話があった。最初はダルハウジー大学の著名な生物学の教授で、ベストティーチャー賞を受賞したこともあり、これまで終身雇用の獲得の委員会委員を歴任した経験豊かな教員であった。彼は評価する側からの意見を述べた。ティーチング・ポートフォリオのなかで「変動」がみられた場合、その部分が集中的に質問されると助言した。学生による授業評価に変動があれば、そのことを説明できる正当な理由が必要となる。口実を設けたり、学生に責任転嫁したりすることが、評価委員に最も悪い印象を与

える。事実を正直に述べる。次に、同センター長から終身雇用の獲得について評価される立場と審査委員として評価する立場の両方から説明があった。

　次に、教育評価に関するカナダの大学における最近の動向について議論した。ティーチング・ポートフォリオは何のために準備するのか。大学あるいは学部が何を求めているか事前に確かめ、評価基準が何かを調査しておくことが重要である。パートナーから所属する学部は、3つのカテゴリーで終身雇用の獲得の審査をしていると聞かされた。すなわち、1) 研究、2) 教育、3) サービス（貢献度）である。それぞれに5ポイントが与えられ、合計で15ポイントとなる。審査基準に合格するためには各項目で3以上、総合点で10点以上が最低基準となる。「研究」は、レフリー審査による学会誌掲載の論文の引用頻度が評価の対象となる。「教育」ではティーチング・ポートフォリオにもとづき、学生による授業評価などで評価される。「サービス」とは、学内外の委員会などの貢献度である。ダルハウジー大学では3つのカテゴリーから教員の資質を客観的に評価して、終身雇用の獲得の合否を判断する。

　教育業績を評価するには、ティーチング・ポートフォリオが適していることは、北米の大学でも広く認められている。しかし、評価基準は必ずしも一定しておらず、大学や学部によって求める教員の資質も違う。ダルハウジー大学ではティーチング・ポートフォリオをファイルすることが義務づけられ、どの教員も昇進人事や終身雇用の獲得のためにティーチング・ポートフォリオを作成しなければならない。そのために、以下のように大学全体の基準を明確にしている。

　①大学における昇進基準を以下のように定めている。
　　(1) 学部が独自に基準を定めることができる。
　　(2) 昇進（准教授から教授）人事の場合、准教授に昇任されてから「5年目」に資格が生じる。
　　(3) 正教授としての教育および研究の高い基準に達している。
　　(4) 優れた教育および研究レベルを維持している。

(5) 教育や研究が分野あるいは大学に著しく貢献している。
　(6) 大学以外か、外部評価者として4人を指名し推薦を得る。少なくとも半数は候補者を支持するものでなければならない。

　パートナーとティーチング・ポートフォリオを交換して、フィードバックした。彼女は同センターのテンプレートに従ってまとめた。筆者のものと比べると、終身雇用獲得の審査を控えているだけに内容に説得力があった。筆者のティーチング・ポートフォリオが「教員」の側から簡潔に書かれたのに対して、彼女のものは「学生」の視点に立って詳細に記述され、具体的な事例が多く含まれていたのが印象的であった。彼女のティーチング・ポートフォリオは動機づけが明確で、どの点が審査委員から評価されるかわかって書いているとの印象を受けた。

　ティーチング・ポートフォリオをまとめるためには、日頃から証拠資料をファイルして準備しておくことが重要である。まず、「ファイルボックス」の準備からはじめることが先決である。記録に残す習慣をつけることが授業改善の意識を高めることに繋がる。ティーチング・ポートフォリオの評価対象が過去5年まで遡ることを考えれば、証拠資料をファイルしておくことが必要である。

　2回目のコンサルティングでは、コンサルタントが「見違える」ほどのティーチング・ポートフォリオに「変身」した。理由は簡単である。ティーチング・ポートフォリオかどのようなものかがわかったからである。「他人」のティーチング・ポートフォリオから「自分」の視点に立って書き直したまでである。ティーチング・ポートフォリオは、学生とのコミュニケーションを通した実践記録でもあるから、「臨場感」を描写するエピソードを付して審査委員にイメージを抱かせることが大切である。重要なことは授業が楽しく、学生とのコミュニケーションが円滑であることを証拠資料で裏づけることである。

　ティーチング・ポートフォリオでは、教員のティーチング・フィロソフィについて記載するが、「なぜ」そう考えるか経験を踏まえて述べると説得力を増す。最後に、教員のティーチング・フィロソフィおよび教

育活動が学生の学習に反映しているかどうかを学生による授業評価あるいは同僚からの評価で裏づけられなければならない。

巻末資料に筆者がダルハウジー大学のワークショップでまとめたものを参考のために添付する。これは、英語版として書かれたものであるが日本版に改訂した。

最終日は、ファカルティ・クラブで昼食会と「認定書」の授与式が行われた。コンサルタントのメンター（Mentor）が、それぞれのティーチング・ポートフォリオの内容を評して「認定書」を手渡した。日本からの4名の教員には、同センターのスタッフがコンサルタントとなり、学内からの参加者には、ダルハウジー大学の同僚教員がメンターを務めた。経験豊かな先輩教員が、後輩の昇進人事に繋がるティーチング・ポートフォリオの作成を指導するというもので、大学の授業を相互に改善するうえで効果的で建設的な雰囲気が漂った。メンターがパートナーのティーチング・ポートフォリオを評して、「彼女の授業を実際に受けてみたい衝動に駆られた」と話したのが印象的であった。事実、彼女のティーチング・ポートフォリオは、具体的で誰もが授業を受けたいと思わせる内容であった。彼女のティーチング・ポートフォリオは、事例を「引用」する形でまとめられていた。このようなティーチング・ポートフォリオが、評価委員にインパクトを与えるのだと思った。

III ティーチング・ポートフォリオ「弘前大学モデル」の構築

1 大学教員評価

現在、日本の大学でティーチング・ポートフォリオを制度的に導入しているところはない。最近、国際基督教大学の絹川正吉『大学教育の思想——学士課程教育のデザイン』（東信堂、2006年）に触発されて日本の大学における教員評価について調べた。驚くことに、日本ではティーチング・ポートフォリオの概念が1986年のカナダ大学教員協会で普及され

る前の1985年から、大学教員の評価に教育評価を加えるべきとの主張がみられた[21]。この論文は、「教員評価の基本原理」に関して次のようなことが書かれていた。

(1) 教員評価の重要項目に教員の自己評価を取り入れる。
(2) 学生による教員評価を教員が自己評価をする際に反映させる。
(3) 教育改善努力は記録することが大切である。報告書の様式は一定のものにしておく方が評価に際して便利である。

ティーチング・ポートフォリオという表現こそ用いられていないが、きわめて近い概念である。これは論文の題からもわかるように、大学教員の教員評価について書かれたもので、ポートフォリオを「自己評価申告記録」と位置づけていることからもわかる[22]。最近の動向は、日本私立大学連盟教員評価委員会の報告書からも裏づけられる[23]。

それから20年の時を経て、文部省・大学審議会が大学教員の教育評価を求めるようになり、大学設置基準における大学教員資格に教育能力が記述されるようなった[24]。

2 「弘前大学モデル」の構築

4章の「Ⅱ 弘前大学の取り組み」のところで述べたように、弘前大学では早くから授業改善のためのティーチング・ポートフォリオの構築に取り組んでいる。さらに、ダルハウジー大学でのティーチング・ポートフォリオに関するワークショップに4名の教員が参加して、これが授業改善に役立つことを体験的に学んだ。

本章では、ダルハウジー大学を中心とした北米のティーチング・ポートフォリオについて詳しく紹介したが、日本の現状をみれば、それがそのまま適用されるとは思われない。日本独自のティーチング・ポートフォリオを構築する必要があるが、そのためには北米の実態を知ることが先決である。

前述のように、ダルハウジー大学がウエッブサイトで公開しているティーチング・ポートフォリオのテンプレートは、同大学における昇進

や終身雇用の獲得を目的としており、教員評価のために評価委員に申告するもので、あたかも、研究者が文部科学省の科学研究費の申請書をまとめるのに似ている。ここでは、授業改善の目的とする教員の授業への省察(Reflecting on Teaching)の重要な側面が看過されている。前述のように、セルディンはティーチング・ポートフォリオの作成を通して、授業の改善や向上に役立てることが価値ある機能であると指摘している。

　ティーチング・ポートフォリオを「授業への省察のため」であると定義づけなければ、教員評価の側面だけが表面化される危険性がある。日本は、北米の大学事情とは違うのであるから、独自のティーチング・ポートフォリオを構築すべきである。

　弘前大学の2006年11月のFD研修会「Teaching Portfolioを書いてみよう」の参加者から、ダルハウジー大学のテンプレートを用いてティーチング・ポートフォリオを書けば、教員評価を目的としたものにならざるを得ないのではないか、授業改善を目的とするのであれば、独自のテンプレートを作成する必要があるのではないかとの指摘があった。もっともである。そのような反省から、ダルハウジー大学におけるティーチング・ポートフォリオのテンプレートを以下のように修正してみた。このような簡単なものでも良いと思われる。

(1) 授業および学習に対する教員の授業哲学(ティーチング・フィロソフィ)
(2) 授業シラバス
(3) 教育方法
(4) 学生による授業評価
(5) 授業改善計画
(6) 付録

　これについて説明すると、(1)では、どのような「授業哲学」をもって臨んでいるか。学生に何を学んでもらいたいかなどを明確にする。(2)では、教員の授業哲学が授業シラバスに反映されているかを確認する。(3)では、授業シラバスで記載した達成目標をどのような教育方法で到達し

たかを明確にする。(4)では、教員の授業哲学、授業シラバスでの達成目標、教育方法が、学生による授業評価にどのように反映されているか分析する。(5)では、学生による授業評価にもとづき授業の省察を行い、それを授業改善計画に繋げる。(6)では、(1)〜(5)を裏づける証拠資料を添付する。(1)〜(5)をまとめることで授業改善のためのティーチング・ポートフォリオを作成することができる。

まとめ

　「はじめに」で述べたように、文部科学省は大学・短期大学教員の授業レベルをアップするために全教員にFD研修を義務づける方針を固め、2007年度に大学設置基準と短期大学設置基準を改正し、早ければ2008年4月にも義務化に向かって動き出す。研究中心の日本の大学で、学生への教育にも力点を置く必要があると判断したのである。大学全入時代を迎え、学生の質の低下を懸念する経済界からの要請も背景にあるとの「衝撃的」なニュースが『毎日新聞』(2006年10月21日付夕刊)の一面トップで以下のように報道された[1]。

図まとめ-1
『毎日新聞』
(2006年10月21日付夕刊)

具体的なFDの研修内容などは、今後、中央教育審議会で審議することになるが、本書で取りあげたティーチング・ポートフォリオによる授業改善が、今後の大学改革を決定づけるうえで重要な役割を果たすことはたしかである。

　ダルハウジー大学でのワークショップの経験から効果的なティーチング・ポートフォリオを作成するためには、専門家によるコンサルティングが重要であることもわかった。セント・ノルバート・カレッジでも「伝統的なティーチング・ポートフォリオ」の経験を活かしたうえで、ファカルティ・デベロップメントの役割は、教員に対するコンサルティングであると断言している。

　コンサルティングの重要性を喚起したのは外国の大学だけではない。たとえば、拙著『戦後日本の高等教育改革政策──「教養教育」の構築』(玉川大学出版部、2006年)のなかで紹介したように、山形大学教育方法等改善委員会『教養教育：授業改善の研究と実践──平成16年度山形大学教養教育改善充実特別事業報告書』(平成17年3月)の終章でも、「さらなる授業改善に向けて」と題して、将来的に「授業改善クリニック」の創設を検討していると述べている。これは、個々の授業を臨床的に改善する全国的にもユニークな試みで、山形大学高等教育研究企画センターにクリニック部門を設置するというものである。授業改善のプロは単なる高等教育の研究者ではなく、臨床的な実践性を備えた大学教員でなければならない。現実には、そうした教員は学内ばかりでなく全国を探してもどこにもいない。全国の大学でベスト・ティーチャーに選ばれる授業の上手な教員を採用し、そうした教員を授業改善の研究能力と実践性を備えたプロフェッショナルに育てなければならない。この取り組みは、全国どこにも行われていない先進的なものでその必要性を疑うものはいない。もし、3名の授業改善のプロフェッショナルを組織できれば、山形大学だけではなく他大学・短大の授業改善にも多大な貢献が期待できる。これは山形大学の「使命」であると述べている。まさしく、授業改善のためのFDコンサルティングの導入を示唆している。

コンサルティングとカウンセリングは違う。コンサルティングには、相談分野での専門的な知識と豊富な経験が求められ、相談者に具体的な解決策を示してあげなければならない。カウンセリングの場合、相談者自らが問題点に気づき、解決策を見いだすものである。弘前大学21世紀教育センター高等教育研究開発室では、授業改善の教育相談窓口としてFDコンサルティングを行っている（次ページの**図まとめ-2**を参照）。守秘義務があるので相談内容については明らかにできないが、授業の進め方についての相談が多い。教員がどのような授業をしたいかというティーチング・フィロソフィが欠落している。どのような授業を行い、どのようなことを学生に学んで欲しいかは、授業シラバスに記載されるべきものである。

　多様な学生を教えるのであるから、完璧な授業など望めない。教員の「授業哲学」を全うするしかない。コンサルティングもペアレビューと同じで、授業の悩みを相談することで、解決の糸口が見出せるはずである。公開授業を積極的に行い、検討会を通して同僚と意見交換する「プロセス」が重要なのである。誰もが悩みながら、授業に取り組んでいることを共有するだけでも自信に繋がる。

　ティーチング・ポートフォリオを授業改善に繋げるには、大学側の教育方針を明確にする必要がある。なぜなら、ティーチング・ポートフォリオは、教員評価にも繋がるものであるから、大学側の教育方針が明確でなければならない。弘前大学における「ティーチング・ポートフォリオの積極的な導入および活用」の動きは、大学としての教育方針を確立させ、教員の省察の実践から授業改善への意識改革を促す点で重要なターニングポイントであるといえる。

　本書では、教員側のティーチング・ポートフォリオに重点を置いたが、授業改善は教員だけでできるものでなく、学生が「主役」でなければならない。学生がどのように学習実践しているか把握できなければ、効果的な授業改善には繋がらない。すなわち、学生側のラーニング・ポートフォリオが重要となってくる。効果的な授業改善とは、ティーチング・

悩んでいないで、とにかく相談してみよう！
（教育能力の開発および支援のための教育相談に関するコンサルティングを始めました。）

　コンサルティングの内容
　● 授業改善に関する相談一般について
　● 能動的学習の進め方について
　● 図書館を利用した課題学習について
　● 授業シラバスの作成について
　● ティーチング・ポートフォリオについて，etc.

問い合わせ先：21世紀教育センター高等教育研究開発室（総合教育棟）
コンサルタント：土持ゲーリー法一
内線：３９２０
予約制　E-mail: apple45@cc.hirosaki-u.ac.jp

　　　　図まとめ-2　FDコンサルティングの案内　　　イラスト：松丸順子

ポートフォリオ（教員）とラーニング・ポートフォリオ（学生）の2つを上手に組み合わせることである。最近、大学における授業改善の動向も、図まとめ-3にみられるように、ティーチングティップス（授業支援）からスタディティップス（学習支援）に移行している[2]。

これは、国内大学の学習支援の動向を反映したものである。たとえ

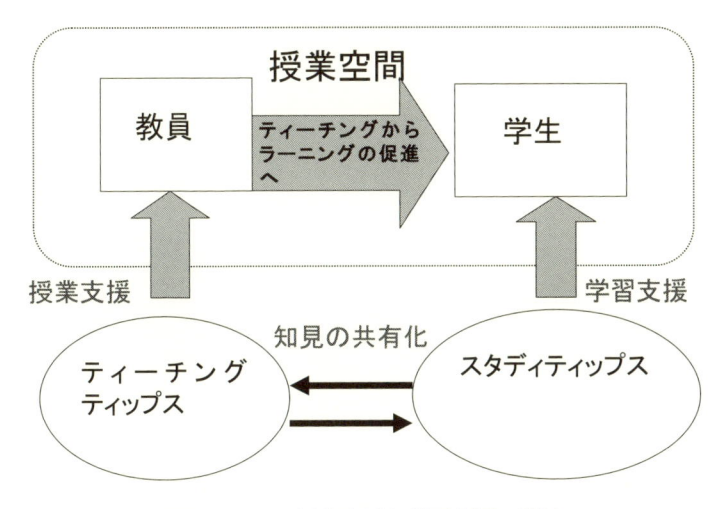

図まとめ−3　授業支援と学習支援の関係

ば、信州大学高等教育システムセンターの『信州大学新入生ハンドブック』(2004年4月)、山形大学の『新入生の学習マニュアル——なせば成る』(2005年3月)、愛媛大学教育・学生支援機構の『大学生活サバイバルガイド2005』(2005年4月)、岡山大学教育開発センターの『ラーニングチップス——新入生モモの奮戦記』(2006年3月)、長崎大学大学教育機能開発センターの『初年次学生のためのラーニング・ティップス』(2006年4月)、そして名古屋大学高等教育研究センターの『名古屋大学新入生のためのスタディティップス』(2006年3月)などがそうである。

　序章の「Ⅳ　ファカルティ・デベロップメント」で紹介したように、秋田大学の全学FDワークショップ「授業デザイン——学生参加型授業を中心として——」は、注目に値するものでFDの理想型である。FDワークショップの成否の鍵は、学生の積極的な参加と事前のガイダンスによる周到な準備が必要である。同大学では、参加費等は大学側からの支援があり、徹底した事前のオリエンテーションを踏まえるため学生参加者からの評価も高い。何よりも、教員だけでは持ち得ない着眼点や柔軟な発想が相互の議論を高め、その結果、授業シラバスにも学生が意欲的に

参加したくなるような授業設計となっている[3]。

　学習者側の視点に立ったラーニング・ポートフォリオについては、「ラーニング・ポートフォリオ――学習改善の秘訣――」として、別途まとめることにする。

註

はじめに

1　安岡高志「教員評価情報の公開意義と大学社会の改革──授業評価の公表と昇格・給与への反映──」高等教育情報センター編『教員評価制度の導入と大学の活性化』(地域科学研究会、2003年)12頁。

序章

1　詳細は、土持ゲーリー法一『戦後日本の高等教育改革政策──「教養教育」の構築』(玉川大学出版部、2006年)「第六章　単位制の形骸化──『自学自修』の精神の欠乏」を参照。
2　独立行政法人大学評価・学位授与機構は、2006年8月8日「授業評価で大学をどう変えるか」と題した公開講演会を東京会場で開催した。
3　詳細については、土持『戦後日本の高等教育改革政策』を参照。
4　2005年度第8回北海道大学教育FDワークショップ(2005年11月11日)を参照。
5　三浦亮「大学教育を語る」『平成17年度　秋田大学全学FDワークショップ──「授業デザイン──学生参加型授業を中心として──」報告書』には興味ある経験談が記述されている。
6　詳細は、秋田大学教育推進総合センターの『報告書』を参照。
7　絹川正吉、原一雄「大学教員評価の視点」『一般教育学会誌』第7巻第2号(1985年12月)63頁。
8　詳細は、大阪府立大学高等教育開発センター『フォーラム』創刊号、2005年を参照。図書館の役割については、土持ゲーリー法一「大学教育と大学図書館──大学改革は図書館から──」『21世紀教育フォーラム』(創刊号、2006年3月)を参照。
9　この分野については、ミネソタ大学教育・学習サービスセンターが優れたプログラムをもっている。同センター　ローザイティス(Bill Rozaitis)に2005年9月22日にインタビューした。このプログラムは、高等教育に関する教授法の講義(Teaching in Higher Education)3単位と実習(Practicum in Higher Education)3単位で構成され、修了者には認定書が授与される。この

ような授業が日本の大学院のFDには不可欠である。
10　山田礼子『一年次(導入)教育の日米比較』(東信堂、2005年) 114頁。
11　シラキューズ大学プロジェクト・アドバンス (Project Advance) についてエドモンズ (Dr. Gerald S. Edmonds, Director, Project Advance, Syracuse University) に2005年9月13日にインタビューした。
12　報告者は、青森県立弘前中央高等学校教諭佐藤あんず、青森県立弘前南高等学校教諭三上浩、弘前大学教育学部助教授郡千寿子、弘前大学農学生命科学部助教授福澤雅志である。詳細は、『21世紀教育センターニュース』第9号、2006年9月を参照。
13　詳細は、郡千寿子「PISA型読解力に関する一考察」(『21世紀教育フォーラム』第2号、2007年3月) を参照。
14　資料に関して、東北大学高等教育開発推進センター教授関内隆氏からご協力をいただいた。これに関連して、「東北大学における『基礎ゼミ』実施の成果と展望」東北大学高等教育開発推進センター主催『特色ある大学教育支援プログラム (特色GP) 東北大学シンポジウム：大学における初年次少人数教育と「学びの転換」』(2006年12月7日、仙台ガーデンパレス) が開かれた。

1章「授業シラバス」の見直し

1　Judith Grunert, *The Course Syllabus: A Learning–Centered Approach* (Massachusetts: Anker Publishing Company, 1997)
2　この資料は、ミネソタ大学教育・学習サービスセンターのオブライアン副センター長 (Jane O'Brien, Associate Director, Center for Teaching and Learning Service, University of Minnesota) から2005年9月19日に同センターを訪問したときに入手した。そのほか、同センターの授業改善への取り組みに関する情報の収集でも協力をもらった。
3　小田康友・増子貞彦「医学教育の現在と佐賀大学医学部の挑戦── PBLの理念と課題──」『大学教育年報』(佐賀大学高等教育開発センター) (第2号、2006年3月) 63～65頁。
4　アーネスト・L・ボイヤー『アメリカの大学カレッジ』(リクルート出版、1988年) 174頁。
5　池田輝政・他『成長するティップス先生──授業デザインのための秘訣集』(玉川大学出版部、2003年) 61頁。
6　http://voice.kir.jp/syllabus/syllabus.pdf を参照。
7　この著書の重要性に早くから注目した玉川大学・高橋靖直は、『大学教授

註 153

法の実際』(玉川大学出版部、1984年)と題して翻訳・刊行した。
8 池田・他『成長するティップス先生』61〜62頁。
9 シラキューズ大学学習・教育支援センターのオブライアン (Judith Grunert O'Brien, Center for Support of Teaching and Learning, Syracuse University) に2005年9月13日に、能動的学習のための授業シラバスについてインタビューした。

2章「授業シラバス」の書き直し

1 詳細については、諸星裕「教育の質の管理のためのツールとしてのGPA制度」大学教育学会25年史編纂委員会編『あたらしい教養教育を目指して』(東信堂、2004年)を参照。
2 平成18年北海道大学教育ワークショップFD (2006年11月10日) 配布資料を参照。ラーニング・ポートフォリオに関する文献は多いが、アメリカの学校で多く使用されていることから、海外の実践例を紹介した田中耕治監訳『ポートフォリオをデザインする――教育評価への新しい挑戦――』(ミネルヴァ書房、2001年) は参考になる。
3 詳細は、山崎博敏「今日のアメリカの教員養成―カリキュラムと教育実習から日本は何を学ぶか」『IDE 現代の高等教育』(2006年11月号) 64〜69頁。
4 池田・他『成長するティップス先生』141〜142頁。
5 「評価基準の枠組み (A Framework for Letter Grades)」をカナダ・ダルハウジー大学学習・教育センター長のテイラー (Dr. Lynn Taylor, Director, Centre for Learning and Teaching, Dalhousie University) から2005年9月8日に入手した。テイラーから授業改善に関する情報など多くを入手することができた。ティーチング・ポートフォリオへのワークショップの参加を可能にしたのも彼女の尽力によるものである。
6 大学教育センター沖裕貴「第5部会『授業評価・FD活動を改善に結びつける体制について』報告」『大学教育機構だより』(山口大学・大学教育機構) 第3号、17頁。
7 池田・他『成長するティップス先生』154〜156頁。
8 William C. Rando and Lisa Firing Lenze, *Learning from Students: Early Term Student Feedback in Higher Education* (Northwestern University, National Center on Postsecondary Teaching, Learning, and Assessment, 1994。なお、エール大学マックダガル大学院学習センター長ランドー (Dr. William C. Rand, Director, McDougal Graduate Teaching Center, Yale University) に2005年9月15日イン

タビューした。

3章 能動的学習

1 中島英博・中井俊樹「優れた授業実践のための7つの原則に基づく学生用・教員用・大学用チェックリスト」『大学教育研究ジャーナル』(徳島大学) 第2号、2005年3月) を参照。両氏とも名古屋大学高等教育研究センターの所属で、「ティップス先生からの7つの提案」との関連性からも重要である。

2 詳細は、以下のウエブサイトを参照。(http://www.cshe.nagoya-u.ac.jp/seven/faculty/index.html)。

3 ミネソタ大学教育・学習センターのゼニス (Connie Tzenis) に2005年9月22日にインタビューした。

4 "So Much Content, So Little Time"の記事は、以下のウエブサイトでみられる (http://www.1.umn.edu/ohr/teachlearn/resources/guides/content.html)。

5 前掲のテイラーから2005年9月8日に入手した。この資料だけでなく、図表の説明を通して能動的学習のあり方、大講義室での授業形態などを教示してもらった。括弧内の説明はテイラーによるものである。

6 このビデオは、"Teaching Large Classes with Graham Gibbs" Produced by Office of Instructional Development & Technology, Dalhousie University, 2000 で制作された約15分の長さのものである。

7 たとえば、"Beating the Numbers Games: Effective Teaching in Large Classes" "Teaching the Mass Class: Active/Interactive Strategies that have Worked for Me" "Quality Education: Does Class Size Matter?" また、"Teaching Large Classes" The University of Queensland, Australia, Teaching and Educational Development Institute, 2001である。

4章 授業改善への取り組み

1 松岡信之「FDの目指すもの──Developする課題は何か──」『クロスロード』(首都大学東京) (創刊号、2005年12月) を参照。この大学の「授業評価」の項目は優れている。現在、「授業評価」を「授業効果調査 (Teaching Effectiveness Survey/TES)」と改め、趣旨を明確にし、授業効果に繋げている。

2 詳細は、上田成紀・菅原和夫「(弘前大学) 医学部における教員評価システムの構築と運用状況──教育・研究・管理運営、3評価による予算傾斜配分──」高等教育情報センター編『教員評価制度の導入と大学の活性化』(地域科学研究会、2003年) 136～145頁を参照。

3　この点に関して、カナダのダルハウジー大学でティーチング・ポートフォリオのワークショップに参加した医学部の教員は、医学部が独自に行っている「自己評価報告書（教育）」と比較してティーチング・ポートフォリオの特徴について論文をまとめている。詳細は、鬼島宏「Teaching Portfolio（ティーチング・ポートフォリオ）と自己評価報告書（教育活動）との対比」『21世紀教育フォーラム』（第2号、2006年3月）を参照。

　4　これは岩手大学大学教育総合センターの山崎憲治「学生アンケートから見た導入教育の方向づけ」の報告である。詳細は、「第56回　東北・北海道地区大学一般教育研究会」『研究集録』（北海学園大学）を参照。

　5　筆者は、2006年9月、北東北国立3大学単位互換に係る対象授業科目として、21世紀教育科目「研究・教育から見た世界と日本(D)」の集中講義を岩手大学で行った。この授業は集中講義で大人数であったために、「指定図書」を踏襲することはできなかったが、図書館を利用するクイズを課したところ、多くの学生が指定された図書を読んで授業に臨んだ。授業感想のなかには、図書館で知的雰囲気が味わえたなど好意的な意見もみられた。授業方法や課題の工夫の仕方で授業時間外の学習時間を確保することも可能である。

　6　詳しくは、近田政博「学習支援教材としてのスタディティップス――大学で学ぶことの意味を新入生にどう伝えるか？」（桜美林大学大学教育研究所主催のFD講演会（2006年10月24日）の配布資料を参照。図表は近田氏から提供されたものである。

5章　ティーチング・ポートフォリオ

　1　大学評価・学位授与機構主催の公開講演会では、ティーチング・ポートフォリオの権威者セルディンを招聘して授業評価に関する講演会が、2006年8月8日に行われた。また、同機構ではティーチング・ポートフォリオに関する彼の著書を翻訳刊行する予定である。

　2　ティーチング・ポートフォリオに関する先行研究、とくに、アメリカおよびカナダの事例をあげて検証したものは少ない。杉本均「アメリカの大学におけるティーチング・ポートフォリオ活用の動向」『京都大学高等教育叢書（二）高等教育教授法の基礎的研究』（京都大学高等教育教授システム開発センター、1997年6月）および同「ティーチング・ポートフォリオ――日本的大学風土への可能性――」筑波大学教育計画編『ファカルティ・ディベロップメント実施への提言』（筑波大学教育計画室、1993年所収）は示唆に富むも

ので、本章をまとめるにあたって多くを参照した。
3 杉本「アメリカの大学におけるティーチング・ポートフォリオ活用の動向」16頁。
4 同上、14頁。
5 桜美林大学・馬越徹氏より筆者への電子メール (2005年8月16日付)。
6 杉本「ティーチング・ポートフォリオ――日本的大学風土への可能性――」59～60頁。
7 杉本「アメリカの大学におけるティーチング・ポートフォリオ活用の動向」15頁。
8 Peter Seldin and Associates, *Successful Use of Teaching Portfolios* (Massachusetts: Anker Publishing Company, 1993), p. 1. 杉本均「アメリカの大学におけるティーチング・ポートフォリオ活用の動向」16頁に所収。
9 杉本均「アメリカの大学におけるティーチング・ポートフォリオ活用の動向」16～17頁。
10 Carol O'Neil and Alan Wright, *Recording Teaching Accomplishment: A Dalhousie Guide to the Teaching Dossier* (Centre for Learning and Teaching, Dalhousie University, Halifax, Nova Scotia, Canada, 1995)
11 Lynn Taylor (Director, Centre for Learning and Teaching, Dalhousie University) へのインタビュー (2005年9月8日)。
12 杉本「ティーチング・ポートフォリオ――日本的大学風土への可能性――」69頁。
13 "Teaching Dossiers: A Collection of Portfolios written at the 'Recording Teaching Accomplishment Institute' 2001" (Office of Instructional Development and Technology Dalhousie University, Halifax, N.S)
14 「優れた授業実践のための7つの原則」については、前掲の中島英博、中井俊樹「優れた授業実践のための7つの原則に基づく学生用・教員用・大学用チェックリスト」および同「優れた授業実践のための7つの原則とその実践手法」『名古屋高等教育研究』第5号 (2005年) を参照。
15 杉本「アメリカの大学におけるティーチング・ポートフォリオ活用の動向」15頁。なお、49項目のリストの詳細ついては、同論文の25頁を参照。
16 Kenneth J. Zahorski, "St. Norbert College," in Peter Seldin, *Successful Use of Teaching Portfolios* (Bolton: Anker Publishing Company, 1993) pp. 56–61. (杉本「アメリカの大学におけるティーチング・ポートフォリオ活用の動向」22頁を参照)

17　同大学FDセンター長コーテェズ(Carol A. Cortez, Director of Faculty Development, St. Norbert College)からの電子メール(2005年7月19日付)。

18　Dana Chism McMahon, "The Relationship Between Development of Teaching Portfolios and Student Ratings of College Faculty,"(unpublished Ph. D. dissertation, University of Arkansas, 1995)(杉本「アメリカの大学におけるティーチング・ポートフォリオ活用の動向」23～24頁に所収)

19　Lee Shulman, "A Union of Insufficiencies: Strategies for Teacher Assessment in a Period of Education Reform," Education Leadership, Vol. 46, No. 3, 1988, pp. 39–40(杉本「アメリカの大学におけるティーチング・ポートフォリオ活用の動向」24頁に所収)

20　ダルハウジー大学"Recording Teaching Accomplishment Institute"パンフレットを参照および同副センター長セフィールド(Suzanne L-May Sheffield, Associate Director)へのインタビュー、2005年9月8日)。

21　絹川、原「大学教員評価の視点」62頁。

22　絹川正吉『大学教育の思想――学士課程教育のデザイン』(東信堂、2006年)256頁。

23　財団法人日本私立大学連盟教員評価委員会『教員評価のあり方――教員評価システムの構築に向けて――』(平成16年度報告)(2005年3月)および同『教員評価システム――実施のためのスタンダード・モデル――』(平成18年3月)。この資料の入手も含め、国際基督教大学元学長・絹川正吉氏からご教示を賜った。

24　絹川『大学教育の思想――学士課程教育のデザイン』232頁。

まとめ

1　この新聞報道については、大学教育学会2006年度課題研究集会(2006年11月26日)で寺﨑昌男会長からの示唆による。

2　近田政博「学習支援教材としてのスタディティップス――大学で学ぶことの意味を新入生にどう伝えるか？」(桜美林大学大学教育研究所主催のFD講演会(2006年10月24日)の配布資料を参照。図表は近田氏から提供してもらった。

3　詳細は、細川和仁「FDワークショップでの経験をどう活かしていくか」『平成17年度　秋田大学全学FDワークショップ――「授業デザイン――学生参加型授業を中心として――」報告書』を参照。

あとがき

　本書は、拙著『戦後日本の高等教育改革政策――「教養教育」の構築』(玉川大学出版部、2006年)にもとづく「実践編」である。弘前大学では、例年、1泊2日のFDワークショップを実施している。これは、2日間のグループ作業を通して「授業シラバス」を作成することを目的とするもので、2006年の参加者に配付したファイルは参考資料も含めてA4判で252ページであった。これをまとめてFDワークショップの「手引き」にできないかとの意見も出され、そのなかから授業改善に役立つものをティーチング・ポートフォリオに関連づけてまとめることにした。

　なお、本書の5章「ティーチング・ポートフォリオ」は、『21世紀教育フォーラム』(弘前大学)(創刊号、2006年3月)に掲載した拙稿「ティーチング・ポートフォリオの積極的導入――自己反省から授業改善へ」をもとにまとめたものである。

　戦後日本の高等教育改革とは名ばかりで、その実態は「再編」に過ぎなかった。学校教育の成否は大学教育にかかっている。大学の抜本的な改革なしに、初等・中等教育改革は中途半端なものとなる。なぜなら、初等・中等学校の教員は、大学の教員養成課程で養成されるからである。大学が変わらなければ、何も変わらない。

　中央教育審議会は、2006年7月11日に『今後の教員養成・免許制度の在り方について』の答申をまとめた。「教員に対する揺るぎない信頼を確立するための総合的な改革の推進」の改革の具体的な方策として、1)教職課程の質的水準の向上、2)教職大学院制度の創設、3)教員免許更新制の導入などをあげている。なかでも注目したいのは、「教職大学院制度の創設」である。教員養成に特化した専門職大学院として「教職大

学院」制度を創設することを提言している。具体的には、教職大学院では少人数による事例研究や模擬授業等を積極的に導入するなど理論と実践を融合した体系的な教育課程を編成することによって、①より実践的な指導力を備えた新人教員の養成、②現職教育を対象としたスクールリーダー（中核的・指導的な役割を担う教員）の養成を行うとしている。そのために必要な専任教員のうち、4割以上を学校教育関係者等の実務家教員とすることを提言している。

　この議論は、望ましい教員養成は教職大学院でなければできないことを暗に認めるようなものである。実務家教育が求められることは、とりもなおさず、現在の大学での授業方法に問題があることの端的な表れである。将来、大学教員となる院生のFD強化が先決である。大学教員になるには、研究者としての資質よりも教育者としての資質が問われる。多くのアメリカの大学にはPFF（Preparing Future Faculty）と称するプログラムが置かれ、将来の大学教員が教員としての基本的な教授法を学び、「認定書」が授けられ、採用時に「教育業績」として評価されるシステムになっている。

　中央教育審議会の答申『新しい時代における教養教育の在り方について』（2002年2月21日）には、大学の教養教育の再構築が提言された。同答申の教養教育を中心とした教育を行う大学等への改組転換の促進を受けて、新しい教養大学の設置や学部・学科への改組転換の動きに拍車がかかった。しかし、ここでも名称のみが先行して実質がともなっていない。同答申「大学における教養教育の課題」では、「教養教育に携わる教員には、高い力量が求められる。加えて、教員は、教育のプロとしての自覚をもち、絶えず授業内容や教育方法の改善に努める必要がある」と注意を促し、教養教育を担当する教員にはFD研修の必要を促している。また、「入門段階の学生にも専門知識を分かりやすく興味深い形で提供したり、自らの学問を追究する姿勢や生き方を語るなど、学生の学ぶ意欲や目的意識を刺激していくことも求められる」として導入科目としての「基礎ゼミ」のあり方などを具体的に提示した。同答申は、教養教育

の具体的な方策を「カリキュラム改革や指導方法の改善により『感銘と感動を与え知的好奇心を喚起する授業』を生み出す」として、「新しい体系による教養教育のカリキュラムづくり」や「質の高い授業を実現するための授業内容・方法等の改善」をあげている。このように大学教育において教養教育の抜本的な改革が不可避であることを強調し、「質の高い教育を提供できない大学は将来的に淘汰されざるを得ない」と断言し、教養教育の再構築に真剣に取り組む提言をしている。

『日本経済新聞』(2006年9月4日付朝刊)に掲載された東京大学総長・小宮山宏の「東大から理想の教養教育モデルを発信したい」は必読に値する。たとえば、「我々が必要と考える教養教育は、個人が専門に対する確かな知識と学力を持ちながら、その専門性にとらわれることなく学問全体を見渡すことのできる力を涵養することである。専門教育がそれぞれの分野における知識と学力、いわゆる『専門知』の習得を旨とするものであるならば、教養教育の目指すところは『総合知』の形成と呼ぶべきものである。総合知は個人が社会における自らの位置づけや活動の意味を把握しつつ、主体的・自律的に人間らしく生きていくための力である。そのために、大学に入学してきた若者が『知に感動する・知と向き合う・知を磨きあう』ことを促す、そうした環境が必要なのだ」と述べている。具体的な取り組み例として、「学術俯瞰講義」を紹介しているが、これは高度な学術研究を碩学によって教養課程で学ぶ、1、2年生にわかりやすく教える講義である。まさしく、1945年にハーバード大学で導入された「ゼネラル・エデュケーション」を碩学によって繙く考えにも共通するもので、中央教育審議会の答申とも合致する。「俯瞰」とは何と含蓄のある言葉であろうか。

2005年11月25日〜26日、大学教育学会2006年度課題研究集会(金沢大学)に参加した。とくに、「FDのダイナミックス——現状の把握と課題の析出——」のシンポジウムは、諸外国の大学におけるFDの組織化の現状の調査報告なども含まれ、多くのことを学んだ。

日本におけるFDの歴史を省みると、その啓蒙期は1987年の大学セミ

ナー・ハウスの第24回大学教員懇談会まで遡り、絹川正吉が「ファカルティ・デベロップメント――大学教員評価の視点――」と題して発言している。日本のFDは、(1)カリキュラム、(2)教授法、(3)教育効果の評価、(4)教員の教育評価であった。これらは、本書で取り上げたティーチング・ポートフォリオとも共通するもので、教員評価を自己申告したものである。

　また、大学院はすでにFDが努力義務規定から義務規定に改正され、2007年4月から義務化されるという緊迫した状況に直面しているだけに、参加者も真剣であった。発表ではFDに関する調査を踏まえ、学生による授業評価だけでは不十分であるとか、教員評価の基準化が適切かどうかの発表を聞きながら、ティーチング・ポートフォリオの役割がますます重要になると思った。どの大学も教員評価に消極的である。だからといって、それにかわる具体策があるわけでもない。FDの義務化によって、教員評価が「強要」される前に自律的に授業改善に取り組むティーチング・ポートフォリオの役割は大きい。

　『毎日新聞』(2006年10月21日付夕刊)は、「全大学教員に研修　08年度にも義務化」と題して一面トップで報道した。報道によれば、文部科学省は、大学・短期大学教員の講義のレベルアップのため、全大学の教員への研修を義務づける方針を固めた。大学教員に対するFD義務化は、容赦なく押し寄せてくる。文部科学省は、FDを「教員が授業内容・方法を改善し向上させるための組織的な取り組みの総称」と定義づけ、国によるFDの制度化が急務となっている。

　多くの教員はFDの義務化に反対である。たしかに、FDに無関心の教員が多いことは事実である。また、FD活動が積極的に評価されない事実も否定できない。しかし、FDは授業改善のために教員の資質を向上させる手段でなければならない。FDのトップダウンかそれともボトムアップかの議論もある。たとえ、トップダウンであったとしても、ボトムアップを促すようなものでなければ効果はあがらない。

　FDの世代間格差も指摘されている。たしかに、50歳代の教員は、30

歳代に比べてFDへの関心が薄いかもしれない。というよりも、大学でFDを必要としなかったのかもしれない。本書で繰り返し述べているように、アメリカの大学におけるPFFプログラムを大学教員の教員資格として「義務づける」ことを提言したい。これは、アメリカで将来、大学の教壇に立つものを対象として行われているもので、基本的な大学での教授法や授業運営について講義するだけでなく、臨床的に教える技術を身につける単位制プログラムで、修了者には「認定書」が与えられ、教員業績として評価される。

絹川は「FDのダイナミックス」のシンポジウムで「一般教育のFDを求めよ」と提言している。もっともである。筆者は、新制大学の「一般教育」と「単位制」について研究をしているが、この世紀の大改革の最大の欠陥は、「一般教育」の担当教員が適切なFDを受けることなく、一般教育としての教養教育を教えたことにあると考えている。もちろん、FDは一般教育だけに限定されるものではなく、専門教育においても必要なことであるが、一般教育においてはとくに重要である。なぜなら、アメリカの大学は、日本と違い、入学時に専攻を決めないので、多様な学生が混在する。そこでの教授法には、豊富な経験と不断の授業改善の向上や工夫が求められる。ハーバード大学が、一般教育の担当を「碩学」に限定したのもそのような理由からである。一般教育においてこそ、FDが必要なのである。

絹川は、社会問題の「いじめ」を事例に、「いじめ」の悩みには相談する相手が大切であると豊富な経験を通して、FDをわかりやすく説明した。日本ではFDが「研修会」のように形式的で、堅苦しいものになっている。これでは、授業改善など個人的な相談はできない。アメリカのFD活動は、大学付置の高等教育関連センターが担い、多くのサービスを提供している。最近では、多忙な教員のために、インターネットを通して相談ができるようになっている。FDの悩みは個人的なもので、それは研修会に参加しても解決できない。本書の「まとめ」で記載したように、筆者は「FDコンサルティング」を行っている。FDコンサルタント

は、教員から具体的な悩みの相談があってはじめて機能する。具体的な相談がなければ、適切な助言もできない。FD活動をボトムアップするには、教員の意識改革が必要である。授業を省察してまとめたティーチング・ポートフォリオは、教員の抱える「悩み」を明らかにし、FDをより身近なものにしてくれるはずである。

　本書の執筆に当たって多くの方の協力をいただいた。本書は、授業改善の実践書であるので、多くの大学での実践例を参考にした。北海道大学教育ワークショップには、2004年～2006年の3回にわたって参加して、授業シラバスの作成などについて多くのことを体験的に学ぶことができた。

　名古屋大学高等教育研究センター・スタッフがまとめた『成長するティップス先生──授業デザインのための秘訣集』(玉川大学出版会、2003年)やウェブサイトの「ティップス先生からの7つの提案」に多くの示唆を受けた。

　本書の表紙についても説明しておきたい。教員が授業実践記録をまとめるティーチング・ポートフォリオのデザインは、弘前大学教育学部佐藤光輝デザイン研究室小笠原真希さんによるものである。また、「5章 ティーチング・ポートフォリオ」の「FDコンサルティングの案内」(148頁)のイラストは同研究室松丸順子さんに作成してもらった。佐藤光輝先生と彼のゼミ学生に感謝の意を表したい。

　本書では、カナダおよびアメリカの大学における先進的な授業改善への取り組みを紹介したので、多くの海外の同僚から協力を得た。詳細は、各章の註で述べているので、ここでは割愛する。本書との関係から、とくに、カナダ・ダルハウジー大学学習・教育センター長のテイラーに特別の感謝の意を表したい。

　I would like to express my special appreciation to Dr. Lynn Taylor, Director of the Centre for Learning and Teaching, Dalhousie University, for her generous support in my studies of faculty development and teaching portfolios. It was with her great effort that we were able to organize such an excellent workshop for teaching portfolios at Dalhousie University.

　また、弘前大学理事（教育・学生担当）須藤新一副学長には、本書の刊行が大学の授業改善に繋がるとして、出版企画時から全面的な支援をいただいた。心より謝辞を申し上げたい。

　最後に、大学の授業改善に関して多くの実践書を刊行している東信堂社長・下田勝司氏に本稿の意義を理解していただき、出版の機会を与えてもらったことに感謝している。また、編集部・地橋江美氏には拙稿を丁寧にチェックしてもらい、図表を作成し直すなどでご尽力をいただいた。

2006年11月26日

　　　　　　　　　　　　　　　　　　　　　　土持ゲーリー法一

資　　料（授業シラバス）

授業科目名　21世紀教育テーマ科目：「国際社会を考える(D)──日米大学の比較から見た教育と研究の現状」

学期：後期（2006年度）
時限：木曜3・4限（10：20～11：50）（総合教育棟310）
担当者：土持ゲーリー法一（21世紀教育センター高等教育研究開発室教授）
オフィスアワー：水曜日　14：00－16：00（総合教育棟B314）

授業内容
　ようこそ、「ゲーリー先生」のクラスに！
　授業を通して、学生諸君にグローバルな視点を培ってもらいたいと考えています。授業の副題を「日米大学の比較から見た教育と研究の現状」とします。
　戦後日本の高等教育機関は、アメリカ型をモデルとしています。四年制大学も、短期大学も、大学院も、専門職大学院（プロフェッショナル・スクール）もすべてがそうです。アメリカ占領下（1945年～1952年）において、現在の学校制度（六・三・三・四制）に改革されました。たとえば、授業シラバス、学生による授業評価、AO（アドミッションズ・オフィス）入試、オフィスアワー、セメスター、GPA制などもアメリカから導入されたもので、戦後日本の高等教育は制度的にも、形式的にもアメリカと酷似したものになっています。しかし、両国の「教育と研究」には顕著な違いがあります。どのような違いがあるか一緒に考えることにします。
　授業では、『戦後日本の高等教育改革政策──「教養教育」の構築』（玉川大学出版部、2006年）を参考に、アメリカの高等教育と比較しながら、どこがどう違うのか、なぜ違うのか、歴史的分析も踏まえながら考えます。

私は学生の自主的な学習を重視します。すなわち、「すべて真の学習なるものは、受動的ではなく能動的な性格を持つ。そこではたんなる記憶力ではなく、精神の働きがなければならない。学習とは発見の過程であり、そこでは教師ではなく学生が主役になる」（アーネスト・ボイヤー『アメリカの大学カレッジ――大学教育改革への提言』（玉川大学出版部、1996年、165頁））の考えに賛同します。学生の能動的学習を促進するために、グループごとに分けて授業および討論を行います。

　15回の授業に必要な文献（ビデオ教材、DVDも含む）は、附属図書館に「指定図書（Reading Assignment）」としてリザーブしてあります。学生は「授業シラバス」の指示に従い、指定されたページを事前に必ず読んで授業に臨むようにしてください。授業は「自学自習」を前提とします。

　各授業のフィードバックを「講義メモ」にまとめてください。「講義メモ」は、適宜回収して出欠代わりにします。

到達目標（授業全体）
　1）アメリカのリベラルアーツ・エデュケーションが研究にもたらす影響についての理解を深めることができる。
　2）日米の大学における研究と教育の違いについて理解することができる。
　3）戦後日本の「教養教育」の歴史を理解することができる。

授業計画
　10月5日　ガイダンス（授業シラバスの配布および履修上の説明）
　　1）グループ（5～6名）に分かれた授業および討論の方法について
　　2）「講義メモ」のパラフレーズ（Paraphrase）の仕方について
　　3）ポートフォリオ（Portfolios）の作成について
　　4）NHK特集「ハーバード大学・米国エリートはこう育てられる」（45分）のビデオ録画をみる。

10月12日　リベラルアーツ・カレッジ

○課題

アメリカの大学におけるリベラルアーツ・カレッジの役割を考える。

○到達目標

アメリカにおいてリベラルアーツ・カレッジ (Liberal Arts College) が、研究に果たす役割の理解を深める。

○授業内容

アメリカのリベラルアーツ・カレッジの役割を考えます。ジュリア・ロバーツ主演『モナリザ・スマイル』(2003年米) は、アメリカの「セブン・シスターズ」(アイビーリーグに対抗したもの) と呼ばれる7つの名門女子大学の一つウェルズリー・カレッジの1950年代を映画化したものです。この大学は、アメリカを代表するリベラルアーツ・カレッジで、ヒラリー・クリントン前大統領夫人も卒業生です。映画のなかに、伝統的なリベラルアーツ・カレッジがどのようなものかをみることができます。日本にもICU (国際基督教大学)、神戸女学院大学、東京女子大学などのリベラルアーツ・カレッジがあります。最近では、秋田に国際教養大学が誕生しました。

○討論課題

1)「ハーバード大学・米国エリートはこう育てられる」(ビデオ) について議論します。
2) アメリカのリベラルアーツ・カレッジはどんなところか考えます。
3) Liberal Arts College と College of Liberal Arts の違い、あるいは General Education との関係を考えます。
4) なぜ、アメリカでは多くの弁護士や医者が、リベラルアーツ・カレッジ卒業生なのか、その理由を考えます。
5) リベラルアーツ・カレッジにおける授業形態はどのようなものか考えます。
6) リベラルアーツ・カレッジ卒業生にはどのような「特徴」がみられるか考えます。

○自学自習：「教養教育」とは何か。アメリカのリベラルアーツ・カレッジとはどのようなころかを考える。日本の大学とどのように違うかを考えてみる。

「指定図書」
　土持ゲーリー法一『戦後日本の高等教育改革政策──「教養教育」の構築』(玉川大学出版部、2006年)序章(15〜25頁)
　宮田敏近『アメリカのリベラルアーツ・カレッジ：伝統の小規模教養大学事情』(玉川大学出版部、1991年)2章と3章
「参考図書」
　ヘンリー・ロソフスキー著／佐藤隆三訳『ロソフスキー教授の大学の未来へ──ハーヴァード流大学人マニュアル』(TBSブリタニカ、1993年)6章と7章

10月19日　日米大学の比較(その1)高校と大学の接続
○課題
日米における高校と大学の連携を考える。
○到達目標
日米における「高大連携」の違いを明らかにする。
○授業内容
「平成18年度問題」が社会問題としてクローズアップされています。高校と大学の連携のあり方を考えます。アメリカの大学を参考にしながら議論します。シラキューズ大学における高大連携の実践例を紹介します。アメリカでは、高校と大学との間に制度上の区別はありますが、授業方法に違いはありません。したがって、大学に入学してから「戸惑う」こともありません。

　高校と大学の連携は、アメリカで繰り返し議論されてきました。この問題に最初に取り組んだのがハーバード大学総長コナント(James B. Conant)でした。彼の委員会は、報告書『自由社会におけるゼネラル・エ

デュケーション(一般教育)』を1946年に刊行して、アメリカの高等教育改革に大きな衝撃を与えました。同『報告書』は、戦後日本にも大きな影響を与えました。しかし、本質的な内容が十分に理解されなかったために、アメリカのような「高大連携」がないまま現在に至っています。

シカゴ大学でも独自の方法で「高大連携」を推進しました。たとえば、シカゴ大学は、高校(アメリカの場合は四年制)の最後の2年と大学の最初の2年を一緒にしたリベラルアーツ・カレッジをつくりました。

高校と大学をどのように「連携」するかは、将来の高等教育を考えるうえで重要な課題となります。

「ハーバード大学・米国エリートはこう育てられる」のビデオをみましたが、多くの日本人は、アメリカのエリートはハーバード大学など世界のトップレベルで育てられると勘違いしています。しかし、彼らの卓越した能力は、大学入学以前から培われています。

次にみるビデオ「シリーズ世界の先生:教室と世界を結ぼう〜ジャーナリスティックでなければ社会科じゃない」(45分)は、アメリカの中学校における社会科の授業ですが、ハーバード大学の授業に繋がるものがあります。

○討論課題
1) なぜ、「高大連携」が重要なのか。
2)「高大連携」の歴史的および社会的要因を考えてみる。
3) ハーバード大学とシカゴ大学での取り組みとはどのようなものだったのか。
4) なぜ、日本では「高大連携」が欠落したのか。
○自学自習:アメリカの大学進学はどのように準備されるか。大学を選択する要因は何か、日本と比較しながら考えてみる。

「指定図書」
　土持ゲーリー法一『戦後日本の高等教育改革政策──「教養教育」の構築』四章(122〜145頁)

アーネスト・L・ボイヤー著／喜多村和之他訳『アメリカの大学カレッジ——大学教育改革への提言』(玉川大学出版部、1996年)「Ⅰ　高校から大学へ」の１章と２章

「参考図書」

アーネスト・L・ボイヤー著／天城勲、中島章夫監訳『アメリカの教育改革：ハイスクール新生の12の鍵』(リクルート出版、1984年)

10月26日　日米大学の比較(その2)大学の使命と伝統
　〇課題
　大学は教育と研究を使命としてきたが、地域社会に対する社会貢献が必要との認識から、社会貢献を「第三の使命」と位置づけた。優れた教育と研究を行うことが地域社会の貢献に繋がる。
　　〇到達目標
　大学の使命や役割の理解を深める。
　　〇授業内容
　法人化後の国立大学の使命はどこにあるのか。アメリカの大学の使命と伝統の歴史をふり返りながら議論します。大学は「ユニバーサル」なもので、そこでの成果は社会に還元されなければなりません。とくに、地方の大学においては、地域への社会貢献が不可欠といえます。中央教育審議会の答申『我が国の高等教育の将来像』は、「地方における高等教育機関は、それぞれの特色を発揮した教育サービスの提供の面だけでなく、地域社会の知識・文化の中核として、また、次代に向けた地域活動化の拠点としての役割を担っていることに留意する必要がある」と提言しています。これまで大学は教育と研究を使命としてきましたが、これからは教育と研究に加えて、地域社会に対する「社会貢献」が必要であると位置づけています。優れた教育と研究を行うことが地域社会の貢献に繋がります。
　　〇討論課題
　1) ビデオ「シリーズ世界の先生：教室と世界を結ぼう～ジャーナリス

ティックでなければ社会科じゃない」について議論する。
2) なぜ、アメリカの大学では社会貢献が重視されているのか。
3) なぜ、大学入学の成績とは別に、課外活動および社会奉仕が重視されるのか。
4) ミネソタ大学の新入生オリエンテーションは、地域社会の連携を深めるために両親も一緒にキャンプする「一年次体験学習」となっている。
5) ミネソタ大学総長は、2005年度の新入生へのオリエンテーションで全学生に「○○○」をプレゼントした。「○○○」とは何かを考えてみる。
○自学自習：アメリカにおける大学の使命とは何か。新入生オリエンテーションは、何のためにあるか（ミネソタ大学の場合）。南カロライナ大学の「大学101」のコースはどのようなクラスか。「在学継続率」とは何か。伝統的なカリキュラムとは、どのようなものかを考えてみる。

「指定図書」
アーネスト・L・ボイヤー著／喜多村和之他訳『アメリカの大学カレッジ――大学教育改革への提言』「Ⅱ 大学の使命と伝統」の3章と4章

11月9日　日米大学の比較（その3）カリキュラム
　○課題
なぜ、アメリカで「一般教育」の考えが生まれたのか、その歴史的・社会的背景を考える。
　○到達目標
「一般教育」の理解を深める。
　○授業内容
カリキュラムは大学教育の要です。とくに、言語教育、「一般教育」、専門教育は重要です。戦後日本の大学は、アメリカ型をモデルとしたこ

とから形式的にはよく似ていますが、内容は似て非なるものです。新制大学の骨格の「一般教育」が、1991年の大学設置基準の大綱化で解体されました。本学では、「一般教育」の解体後、共通教育を経て「21世紀教育」と名称が変わりました。「21世紀教育」とは何かを考えます。

　アメリカにおける「一般教育」はどのようなものか議論します。なぜ、アメリカで「一般教育」という考えが生まれたのか、その歴史的・社会的背景を考えます。

　○討論課題
　1) なぜ、大学では言語（英語）を重視するのか。高校英語とどう違うのか。
　2) なぜ、「教養教育」が必要なのか。専門教育との関係は何か。それは、将来どのように役立つのか。
　○自学自習：なぜ、大学では言語（英語）を重視するのか、その目的はどこにあるのか。なぜ、「教養教育」が必要なのか、専門教育との関係は何か、どのように就職に役立つのかを考えてみる。

「指定図書」
　アーネスト・L・ボイヤー著／喜多村和之他訳『アメリカの大学カレッジ――大学教育改革への提言』「Ⅲ　教科課程」の5章、6章、7章
「参考図書」
　ヘンリー・ロソフスキー著／佐藤隆三訳『ロソフスキー教授の大学の未来へ――ハーヴァード流大学人マニュアル6章と7章
　清水一彦『日米の大学単位制度の比較史的研究』（風間書房、1998年）

　11月16日　日米大学の比較（その4）大学教授職
　○課題
　日本では、大学教授になるために「研究者」であることが重視される。しかし、アメリカでは「教育者」であることが強く求められる。
　○到達目標

アメリカと日本の大学における授業および大学教授の違いの理解を深める。大学教授の「昇進」の違いや教員評価を考える。

〇授業内容

大学教授職に関しては、日米間で顕著な違いがあります。日本では、大学教授になるには「研究者」であることが重視されます。しかし、アメリカでは「教育者」であることが強く求められます。リベラルアーツ・カレッジにおける教養教育の伝統が受け継がれているために、ティーチング・ポートフォリオ(Teaching Portfolios、授業実践記録)のようなものが生まれました。教育重視は世界的動向となっています。たとえば、ヨーロッパ学長会議では「教育は輝かしい業績である」と賞賛しています。ティーチング・ポートフォリオ(カナダ・ダルハウジー大学)について紹介します。教育を重視することは、結果的には優れた研究者を養成することにも繋がります。日本では、国際的に通用する研究者の養成に力を入れていますが、優れた研究者をどのように育てるかという教育の側面が欠落しています。アメリカの大学教授職の議論を通して、日米における「研究と教育」に対する考えの違いについて議論します。日本の大学には、「教育」はあるが「教養教育」がないといわれます。「教養教育」とは何か、一般教育、共通教育、教養教育という名称の変遷からも「教養教育」が混沌としていることがわかります。

〇討論課題

1) 教授昇任では、教育と研究がどのように評価されるか。
2) カナダのダルハウジー大学の終身雇用(テニュア)獲得の事例を紹介する。同大学では、「研究」「教育」「貢献度(社会および大学への)」の3つのカテゴリーを5点満点で評価する。
3)「講義(Lecture)」の語源を考える。
4) なぜ、「能動的学習」が重要なのか。
5) アメリカの大学における「優れた授業実践のための7つの原則」とは、以下のようなものである。
    (1) 学生と教員のコンタクトを促す。

⑵　学生間で協力する機会を増やす。
　⑶　能動的に学習させる手法を使う。
　⑷　素早いフィードバックを与える。
　⑸　学習に要する時間の大切さを強調する。
　⑹　学生に高い期待を伝える。
　⑺　多様な才能と学習方法を尊重する。
　○自学自習：教育と研究はどのように考えられているか。学士課程教育における優れた授業実践とは何か。「講義」の語源は何か。授業において、なぜ「能動的学習」が重視されるのか考えてみる。

「指定図書」
　アーネスト・L・ボイヤー著／喜多村和之他訳『アメリカの大学カレッジ──大学教育改革への提言』「Ⅳ　学びの時」の8章、9章
「参考図書」
　寺﨑昌男『大学教育の創造──歴史・システム・カリキュラム──』(東信堂、1999年)「Ⅲ　歴史の中の大学教育・教師・学位制度」の3
　ヘンリー・ロソフスキー著／佐藤隆三訳『ロソフスキー教授の大学の未来へ──ハーヴァード流大学人マニュアル第9章～第13章

11月30日　日米大学の比較(その5)授業におけるシラバスと図書館の
　　　　　役割
　○課題
　アメリカの大学の授業と比較して、どのように違うのか。
　○到達目標
　授業シラバスと図書館の役割の理解を深める。
　○授業内容
　アメリカの大学の授業と比べてどのように違うのか。アメリカでは単位制が機能しています。教員は一方的に授業するのではなく、学生が事前に調べてきたことを前提に授業を進めます。そのためには、授業シラ

バスが重要になります。これは、授業のシミュレーションとなります。学生は、「授業シラバス (Course Syllabus)」に記載された授業内容および成績評価を調べたうえで履修登録をします。とくに、GPA (厳格な成績評価) は進学や就職に影響するために、9月の新学期は希望する科目を登録するために長蛇の列ができます。

効果的な授業を行うには、図書館の役割が不可欠となります。日米の図書館を比較して図書館の役割の理解を深めます。図書館は、「大学における学習の中心地」(ボイヤー、175頁) でなければなりません。アメリカおよびカナダの大学における図書館の現状を紹介します。

○討論課題
1)「能動的学習と大学図書館の役割」を考える。
2)「単位の実質化」は何かを考える。
3)「指定図書」のあり方を考える。
4) GPA制とは何かを考える。
○自学自習：土持法一「『能動的学習』と大学図書館の役割」『豊泉』(弘前大学附属図書館報) 第25号および同「大学教育と大学図書館──大学改革は図書館から」『21世紀教育フォーラム』(弘前大学、創刊号、2006年3月) を読んで授業に備える。
○図書探索クイズ：　奥井復太郎「新制大学への反省」の論文を附属図書館で探して、論文をコピーして「講義メモ」に添付する。出典を必ず明記する。
○「学期途中の学生からのフィードバック」：後半の授業改善および「シラバス」の調整に役立つ。詳細は追って連絡する。

「指定図書」
　アーネスト・L・ボイヤー著／喜多村和之他訳『アメリカの大学カレッジ──大学教育改革への提言』「Ⅳ 学びの時」の10章
「参考図書」
　寺﨑昌男『大学教育の創造──歴史・システム・カリキュラム──』「Ⅳ

「大学図書館と研究所」の1と2

12月7日　日米大学の比較(その6)ファカルティ・デベロップメント
○課題
ファカルティ・デベロップメント(Faculty Development, FD)は大学での授業改善を意味する。どのような授業改善が求められるかを考える。
　○到達目標
ファカルティ・デベロップメント(FD)の理解を深める。
　○授業内容
ファカルティ・デベロップメント(Faculty Development, FD)は、大学での授業改善を意味します。初等・中等学校の教員になるには、教員資格が必要であることは日米も同じです。しかし、大学教授になるための「教員資格」というようなものはありません。学位と優れた研究業績によって採用されるのが一般的です。最近は、社会経験も考慮されるようになりました。それでは、どこにおいて大学教員は養成されるのでしょうか。アメリカの大学では、ティーチング・アシスタント(TA)制度が充実しているので、TAをしながら教育者としての経験を積むことができます。現職の大学教員には、ファカルティ・デベロップメント(FD)という研修があります。また、将来、大学教員になるためのプログラム(Preparing Future Faculty, PFF)もあります。これらをプロフェッショナル・デベロップメント(PD)あるいはティーチング・エクサレンス(Teaching Excellence)と呼んでいます。

日本でも大学教員の授業改善のFD活動が活発になっていますが、なぜ、そのような研修が必要なのか認識が不十分です。その結果、「フロッピー・ディスク」と揶揄されます。アメリカでは、最近、「FD」という表現を使わず、プロフェッショナル・デベロップメント(PD)の表現を好んでいます。FDを行うことは、効果的な授業や能動的学習を促進することに繋がります。
　○討論課題

1) 最近では、FDという言葉を使わないでSD（スタッフ・デベロップメント）あるいはPD、さらにティーチング・エクサレンスが使われる。
2) TA（Teaching Assistant）の役割を考える。
3)「学習」と「教育」の違いを考える。
4) "Publish or Perish" とは何か。
○自学自習：TAの仕事や役割を考える。日米の大学における学習と教育の違いや"Publish or Perish"の表現について考えてみる。

「指定図書」
　土持ゲーリー法一『戦後日本の高等教育改革政策──「教養教育」の構築』結章（322～327頁）
　刈谷剛彦『アメリカの大学・ニッポンの大学── TA・シラバス・授業評価』（玉川大学出版部、1992年）1章

12月14日　日米大学の比較（その7）キャンパス・ライフ
　○課題
　キャンパス・ライフは授業と同じくらい重要である。学士課程教育（学部教育）は人間形成の営みである。
　○到達目標
　全寮制やキャンパス・ライフの役割を明らかにする。
　○授業内容
　キャンパス・ライフは、授業と同じくらい重要なものです。なぜなら、学士課程教育は人間形成の営みであるからです。リベラルアーツ・カレッジは伝統的に全寮制であり、共同生活と学習には密接な繋がりがあります。現代社会では、人間関係が希薄になっています。アメリカの大学におけるキャンパス・ライフの議論を通して日本の現状を考えます。
　全寮制（Boarding School）は高校に多くみられます。コネティカット州ウエストオーバー校の全寮制を紹介します。日本にも全寮制の男子中高一貫教育・海陽学園が創設されました。

アメリカの多くの大学で採択している「優れた授業実践のための7つの原則」のなかに、「学生間で協力する機会を増やす」というのがあります。良い仕事と同じように、優れた学習は共同研究から生まれるものです。キャンパス・ライフを通した共同生活は学習するうえで不可欠な要素となります。

　○討論課題
1) アメリカの大学ではAO入試を採用している。高校の授業成績とは別に、課外カリキュラムが重視されている。とくに、弁護士や医者を目指すものは、法律事務所あるいは病院での奉仕活動や研修が義務づけられている。なぜ、奉仕活動が重視されるのか社会的背景を考える。
2) AO入試では、成績優秀でも不合格になる場合がある。なぜ、ケネディ大統領は、ハーバード大学に入学できたか。
　○自学自習：アメリカの大学ではカリキュラムとは別に、課外カリキュラムが重視される。なぜ、奉仕活動が重視されるのかその意義について考えてみる。

「指定図書」
　アーネスト・L・ボイヤー著／喜多村和之他訳『アメリカの大学カレッジ──大学教育改革への提言』「Ⅴ　キャンパス・ライフ」の11章、12章、13章
「参考図書」
　宮田敏近『アメリカのリベラルアーツ・カレッジ：伝統の小規模教養大学事情』6章

12月21日　日米大学の比較（その8）大学と社会
　○課題
　アメリカでは卒業式を"Commencement"と呼ぶ。これは「終わり」ではなく、「始まり」の意味である。「卒業」の考え方に日米間で違いがある。

○到達目標
1)「卒業」の考え方の違いを理解する。
○授業内容
　アメリカでは卒業式を"Commencement"と呼びます。これは「終わり」ではなく、「始まり」の意味です。「卒業」の考え方には日米間で顕著な違いがあり、卒業後の社会還元あるいは生涯学習の考え方の違いにも反映されています。日本では大学で学んだことが、社会に十分に活かされないことが、学生の学習意欲を削ぐことに繋がっています。企業も大学の教育を十分に評価せず、企業内教育を行うなど、大学と社会の連携が円滑でないことが指摘されます。アメリカにおける大学と地域社会の連携を通して日本の現状を考えます。
　前述のように、中央教育審議会の答申『我が国の高等教育の将来像』では、大学の社会貢献（地域社会・経済社会・国際社会等、広い意味での社会全体の発展への寄与）の重要性が強調され、社会貢献の役割を大学の「第三の使命」と位置づけています。これは、本学の「世界に発信し、地域と共に創造する弘前大学」にも繋がります。2006年度から新しいカリキュラムとして「津軽学──歴史と文化」の授業がはじまりました。
○討論課題
1) アメリカでは、生涯学習を「継続学習」と位置づけている。日本でも「生涯教育」から「生涯学習」に名称が変わった。この変化は何を意味しているのかを考える。
2) 社会還元あるいは地域貢献とは何か。
3) 南フロリダ大学には、高齢者を対象とした生涯学習プログラムがあり、博士学位も授与されている。
○自学自習：アメリカでは、生涯学習を「継続学習」と位置づけている。日本でも、「生涯教育」から「生涯学習」に変わった。この変化は何を意味しているのか、社会還元あるいは地域貢献とは何か、大学教育とどのような関係があるのかを考えてみる。

「指定図書」
　アーネスト・L・ボイヤー著／喜多村和之他訳『アメリカの大学カレッジ——大学教育改革への提言』「Ⅶ　大学から社会へ」の17章と18章

1月11日米短期大学の比較——コミュニティ・カレッジと短期大学
　○課題
　短期大学は、アメリカのコミュニティ・カレッジに相当するもので、地域に根ざし、地域社会の民主化の役割を果たすことが期待されている。
　○到達目標
　コミュニティ・カレッジと短期大学の違いを明らかにする。
　○授業内容
　短期大学は、占領下アメリカの「副産物」といわれます。長い間、四年制大学の「短期」のものとして「冷遇」され、本来の趣旨が十分に生かされませんでした。短期大学は、アメリカのコミュニティ・カレッジに相当するもので、地域に根ざし、地域社会の民主化の役割を果たすことが期待されましたが、そのような発展をしませんでした。アメリカでは、コミュニティ・カレッジが公立の機関として地域社会における高等教育の大衆化の役割を担ってきました。
　単位制によって四年制大学への編入を円滑にし、地域社会の経済効果も高めています。日本の短期大学はほとんどが私立であるため、アメリカのような発展を遂げませんでした。これは、国の文教政策の失態といえます。
　○討論課題
　1) コミュニティ・カレッジと短期大学の違いはどこにあるか。
　2) なぜ、日本ではコミュニティ・カレッジが発展しなかったのか、授業料、編入制、単位制などを通して考える。
　○自学自習：コミュニティ・カレッジと短期大学の違いはどこにあるのか。なぜ、日本ではコミュニティ・カレッジが発展しなかったのか歴史を遡って考えてみる。

「指定図書」
　土持ゲーリー法一『戦後日本の高等教育改革政策――「教養教育」の構築』第7章
　舘昭編著『短大からコミュニティ・カレッジへ――飛躍する世界の短期高等教育と日本の課題』(東信堂、2002年) 第3章

1月18日　日米大学院の比較 (その1) 研究と教育の関係
　○課題
　アメリカの大学では、「研究と教育」が不可分の関係にあり、伝統的に教育が重視されている。
　○到達目標
　「研究と教育」の関係を明らかにする。
　○授業内容
　アメリカの大学においては、研究と教育が不可分の関係にあり、伝統的に教育が重視されてきました。アメリカには、イギリスのリベラルアーツ・カレッジの伝統が強く、教育重視の精神が受け継がれてきました。ドイツから大学院制度 (ジョンズ・ホプッキンズ大学が最初) が導入されたことで、アメリカの大学は大きく変貌しました。現在では、学士課程教育と大学院教育が調和し、教養教育を重視した専門職教育が行われています。なぜ、日本では研究偏重から脱却できないのか。教育は研究と比べて客観的な評価が難しいうえに、閉鎖的社会がこれを助長しました。教育のないところに研究の真の発展は望めません。これは国の高等教育政策の縮図です。アメリカの大学との比較を通して日本の現状を考えます。
　○討論課題
　1) なぜ、アメリカにノーベル賞受賞者が数多く出るのかその要因を考える。日本では優れた研究者は、必ずしも優れた教育者ではなく、「象牙の塔」とのイメージが強い。アメリカなど諸外国のノーベル

賞受賞者は、自分の研究成果をわかりやすく話す。
2) 先端科学分野の優れた研究論文は、平易な文章で書くことが求められる。
3) アメリカにおける「研究と教育」の関係はどのようなものかを考える。
○自学自習：なぜ、アメリカにはノーベル賞受賞者が数多く出るのか、その要因はどこにあるのか。さらに、アメリカにおける研究と教育の関係は何かを考えてみる。

「指定図書」
江原武一・馬越徹編著『大学院の改革』(東信堂、2004年) 第9章
「参考図書」
土持ゲーリー法一『戦後日本の高等教育改革政策――「教養教育」の構築』結章

1月25日　日米大学院の比較(その2)「職業学位」の多様性
○課題
アメリカの大学院の学位は「職業学位」と考えられ、研究あるいは教育によって学位の種類も違い、多様な学位が存在する。
○到達目標
大学院の歴史の理解を深める。
○授業内容
アメリカにおける大学院の学位は「職業学位」と考えられ、研究あるいは教育によって学位の種類も違い、多様な学位が存在しています。「職業学位」という名称からも学位が職業に繋がっています。日本では、最高学位が大学教員の基礎資格とならなかったところにアメリカとの違いがあります。戦後「課程制博士」が導入されましたが、伝統的な「論文博士」も温存したために、「課程制博士」が十分に機能しませんでした。これが教授法の欠落にも繋がっています。アメリカでは、教育の分野にお

いてPh. D.とEd. D.の2つの博士号の種類があります。両者の違いを通して研究と教育の違いについて考えます。
　〇討論課題
　1)「論文博士」と「課程制博士」の違いを考える。
　〇自学自習：「論文博士」と「課程制博士」の違いを考えてみる。

「指定図書」
　寺﨑昌男『大学教育の創造——歴史・システム・カリキュラム——』「Ⅲ　歴史の中の大学教育・教師・学位制度」5．日本の学位制度をふりかえる
「参考図書」
　土持ゲーリー法一『戦後日本の高等教育改革政策——「教養教育」の構築』第8章

　2月1日　日米大学院の比較(その3) プロフェッショナル・スクール
　　——医者および弁護士の養成
　〇課題
　弁護士や医者の専門職につくものは、リベラルアーツ・カレッジで4年間教養教育を学び、その後、ロースクールやメディカルスクールに入学する。
　〇到達目標
　日米の大学における「教養教育」の果たす役割の違いの理解を深める。
　〇授業内容
　2004年春、「専門職大学院」が発足しました。日本では、この分野が大幅に遅れています。日本の職業人養成の主流は、旧態依然として学部段階にあります。六年制の医学部はその象徴です。アメリカの場合は、医者も弁護士も専門職大学院のプロフェッショナル・スクールで養成されます。弁護士や医者の専門職につくものは、リベラルアーツ・カレッジで4年間学び、その後、新たにロースクールやメディカルスクールに

入学します。学士課程では、専門的な技術よりも人間教育を重視する伝統が受け継がれています。アメリカのプロフェッショナル・スクールを通して日本の現状を考えます。

　アメリカのロースクールあるいはメディカルスクールにおける教授法とはどのようなものかを考えます。

　○討論課題
1) ハーバード・ロースクールの授業方法「ソクラテス・メソッド」の双方向授業とはどのようなものか。
2) ハーバード・メディカルスクールの教授法「自己開発型学習」(Project-based Learning, PBL) は、従来の「知識伝達型」(Inquiry-based Learning) と対比したもので、学習に対する考えを根底から変えた。
3) 臨床医学教育のPBLは、1969年にカナダのMcMaster大学で創設された。

　○自学自習：ハーバード・ロースクールの授業方法は「ソクラテス・メソッド」といわれるが、どんな授業方法なのか。なぜ、教養教育が重要なのかを考えてみる。

「指定図書」
　柳田幸男『法科大学院構想の理想と現実』(有斐閣、2001年)「ハーバード・ロースクールの法学教育と日本の法学教育」(3～15頁)および「新しい構想の教養学部──法曹基礎教養学部」(47～58頁)

　２月８日　期末試験　(「講義メモ」の持ち込み可)

成績評価方法及び
採点基準　平常評価：40点〔出席(10点)、「講義メモ」(30点)〕
　　　　　期末評価：60点〔「ポートフォリオ」(30点)、期末試験(達成目標をはかるための筆記試験)(30点)
　　　　　　　　　　(「講義メモ」の持ち込み可)〕

以上２つを合算して最終的な成績評価が行われます。

ポートフォリオ課題　ポートフォリオとは、「学習実践記録」のことである。
　　　　　　　　　15回の「講義メモ」を参考にして授業の「到達目標」がどのように達成できたといえるか、省察的記述 (Reflective Statement) としてまとめる。
　　　　　　　　　(たとえば、授業に関連した文献を図書館で読んだとか、グループで共同作業を行ったとか、DVD『モナリザ・スマイル』をみてリベラルアーツ・カレッジの理解を深めたとか、具体的な事例で裏づける)

(資料)

ティーチング・ポートフォリオ

授業改善のための省察

土持ゲーリー法一

21世紀教育センター教授

2006年6月

弘前大学

目　次

1．授業の負担

2．授業哲学
　　1)「優れた授業実践のための7つの原則」にもとづく能動的学習
　　2) 教育の現状
　　3) 能動的学習への変革
　　4) 批判的思考力
　　5) 授業への情熱
　　6) Open-Door Policy

3．能動的学習の奨励

4．学生からの情報
　(1) 学生による授業評価

5．カリキュラム開発

6．授業改善

7．授業への貢献

8．専門ジャーナルの編集

9．授業に関連した出版物

付録(省略)
1．学生からの書類
2．授業シラバス
3．学生による授業評価報告書

1. 授業の負担

現在、弘前大学21世紀教育センター高等教育開発室で授業改善を中心とするFD活動に従事しているために、授業担当は21世紀教育テーマ科目「国際社会を考える(D)：日米大学の比較から見た教育と研究の現状」だけです。この授業は、学士課程の1年・2年次学生の選択科目です。

授業では、日米の大学における教育と研究がどのように違うか、「リベラルアーツ教育」という視点から文献を読ませたり、北米におけるドキュメンタリー・フィルムをみせたりして理解を深めることにしています。

過去にも比較・国際教育学や戦後日本の教育史に関する授業を学士課程や大学院で教えたことがあります。戦後日本の教育改革に関する研究については、日本の研究者のみならず、北米、英国、ドイツからの留学生の博士論文の指導にも当たったことがあります。彼らの多くは博士論文を公刊し、大学教授のポストについています。

2. 授業哲学

1)「優れた授業実践のための7つの原則」にもとづく能動的学習

ロバート・ハッチンスは、「教育の目的は、学生に事実のみを詰め込むだけでなく、考えることを促し、学生のことを考えるようにする」と述べています。また、アーネスト・L・ボイヤーも著書『アメリカの大学・カレッジ——大学教育改革への提言』(玉川大学出版部、1996年) のなかで「すべて真の学習なるものは、受動的ではなく能動的な性格を持つ。そこではたんなる記憶力ではなく、精神の働きがなければならない。学習とは発見の過程であり、そこでは教師ではなく学生が主役になる」と述べています。さらに、「優れた授業実践のための7つの原則」のなかでは、「能動的に学習させる手法を使う」ことを奨励して、次のように述べています。「学習は、スポーツ観戦のように教室で座って教員の話を聞き、記憶中心の画一的な試験に対応しているだけでは不十分です。学生は学んだ内容について、自らの過去の経験との関連づけと、日常生活への適

用について、口頭・文章で説明できなければなりません。すなわち、学生は学んだ内容を自分のものにしなければなりません」。

これが、私の「授業哲学」です。私は、授業で教えるときにはこのことに配慮しながら、授業シラバスを作成し授業をしています。現在、学生が従前のように高いレベルになく、学力低下が危惧されています。大学教育は、今やエリートのためでなく、大衆のために開かれたものとなっています。社会でも主体的に活動できる人材を求めています。このようなニーズは、能動的学習を通して育成することができると考えています。そのような学生を育てることは、大学教員の責務であると考えています。

2）教育の現状

学生を主体とする能動的学習が望ましいと信じています。しかし、ほとんどの高校生は、受動的な学習を強いられます。残念ながら、彼らは自分の意見を自由に述べたり、フィードバックしたりする機会が十分に与えられていません。

日本では伝統的に儒教の影響を受け、子どもたちは教員に従順で、他人と違う意見を公にすることを抑制されてきました。また、仏教の影響で教員から教わった内容に従うように育てられました。

戦後、日本の学校制度はアメリカ占領下でアメリカと類似した六・三・三・四の学校制度を採択しました。しかし、この改革では制度のみが変革され、教育方法は変わりませんでした。教授法に関しても、教員を中心とした画一的な教育方法が残りました。

1946年に来日したアメリカ教育使節団は、学生の幅広い思考を培うためにリベラルな一般教育を奨励し、教授法の変革を提言しましたが変わりませんでした。

3）能動的学習への変革

大学と社会の要求には食い違いがあります。今、学生の社会化が叫ばれています。大学では、学生の教育の質を高め、同時に学生の社会化へ

の責務も担わされています。このニーズに応えるために、大学では教育方法と学習方法の抜本的な改革が求められていますが、残念ながら、学生は入学時に専攻を決めなければならず、どうしても教養教育よりも専門教育を重視する傾向になります。私は、大学教育の基礎となる教養教育の重要性を力説しています。なぜなら、教養教育は、「能動的学習」と「批判的思考」を培うからです。

　私は、日本とアメリカの大学で教育を受けました。自分の経験から、学生に能動的学習を促すには、教員が「ファシリテイター」に徹することが大事だと考えています。このような「授業哲学」に従って、学生に授業に臨む前に附属図書館で「指定図書」の課題を読んで自学自習するように指導しています。また、少人数のグループに分かれて討論します。このような方法を取ることで、学生に自分の意見を自由に発言する機会を与えています。

4）批判的思考力

　私は、教員と学生との相互交流を促したり、望ましい学習環境を整えたり、積極的に質問を促したりすることで、学生の批判的思考力の向上に努めましたが、このような教育方法は、日本の大学では一般的ではありません。この方法によって学生は批判的思考力を養い、教員からの指示を待たずに率先して行動を起こすようになりました。学生が批判的思考力を育てる方法を培うことで、教室外においてもその経験を活かすことができるようになりました。

5）授業への熱意

　この授業科目を教えられることを幸運に思っています。それは、学生と私の経験を共有できるからです。研究成果を授業に持ち込み、学生とともに知的興奮を高めます。授業での成功の鍵は、教員の授業に対する熱意の表れにあると考えています。学問の楽しさを学生と共有したいと考えています。教室ではユーモアを交えて学生を和ませます。そのため、

学生から「ゲーリー先生」と呼ばれたり、「ひまわり」とニックネームをつけられたりします。

6) Open-Door Policy

学期を通して学生にいつでも接触するように奨励します。電子メールにも速やかに返信し、オフィスアワーを充実し学生がいつでも立ち寄れるような雰囲気とオープンドア・ポリシー (Open-Door Policy) を信条とします。また、試験や課題が提出されてから1週間以内に返却し、速やかにフィードバックするように心がけます。

3. 能動的学習の奨励

授業を通して「能動的学習」を奨励します。たとえば、

1)「指定図書」を通して予習課題を提示しクラス討論を推進する。
2) グループに分かれて討論を奨励する。
3) クラス討論を活性化するために明るい雰囲気を保つ。
4) 学期途中のフィードバックを導入し、学生が授業の到達目標に支障がないか点検する。
5) 北米の学校のドキュメンタリー・フィルムをみせて討論を活性化する。
6) 附属図書館の「指定図書」を利用して、学生が図書文献を使いこなしているか簡単なクイズを行う。
7) 授業の後にパラフレーズした「講義メモ」を書かせる。
8) 学生が授業で何を学んだか、どのように達成目標に到達したかを知ることのできるラーニング・ポートフォリオを書かせる。これによって学生がどのように学習したか、どこで躓いたかを知ることができる。学生のラーニング・ポートフォリオを通して自らの授業を省察し、同じ授業を続けるべきかどうかを判断している。
9) クラス討論に関連した文献を指示する。

4. 学生からの情報

(1) 学生による授業評価

表1：21世紀教育テーマ科目「国際社会を考える(D) ――日米大学の比較から見た教育と研究の現状」に関する①〜⑦の質問項目の学生による授業評価結果

表1

年度	1	2	3	4	5	6	7
2005	4.42	4.27	4.35	4.15	4.58	4.69	4.62

評価基準：1=全くそう思わない　2=そう思わない　3=どちらともいえない　4=そう思う　5=強く思う

1. この授業の目標、目的は明確だった。
2. この授業の内容は理解できた。
3. この授業はまとまりよく組み立てられていた。
4. この授業の説明や板書、スライド等はわかりやすかった。
5. この授業の準備は十分行われていた。
6. この授業の開始・終了時間は守られていた。
7. 総合的に判断してこの授業に満足した。

多くの学生から有意義なフィードバックがありました。それは、学生がグループ討論を通して自分たちの意見を相互に話し合えたからだと考えています。学生による授業評価は高いものでした。学期の終わりに、学生から肯定的あるいは否定的なフィードバックがありましたが、そこから多くのことを学びました。それらのフィードバックを授業改善に繋げたいと思います。

次のような自由記述の意見もありました。「これまで授業で自分たちの意見を求められることはなかった」「他の学生の前で自分の意見を述べることは初めての経験であった」「友だちとの交流はとても楽しかった」というものです。

5．カリキュラム開発

 最近、弘前大学独自の授業カリキュラムを開発しました。それは、「津軽学――歴史と文化」と題するもので、2006年4月から開講されました。これは、地域研究の一環となるもので、学生に市民社会の一員として地域の伝統に触れてもらうことを目的としたものです。このユニークな授業のニュースは、地域の新聞で数回にわたり掲載されました。

6．授業改善

 2005年9月、授業改善を目的に北米の大学で優れた授業および学習実践をしている以下のようなセンターを訪問しました。

1) カリフォルニア大学(サンディエゴ校)授業開発センター(Center for Teaching Development, University of California, San Diego)
2) ダルハウジー大学学習・授業センター(Centre for Learning and Teaching, Dalhousie University)
3) シラキューズ大学授業・学習支援センター(Center for Support of Teaching and Learning, Syracuse University)
4) エール大学大学院授業改善センター(McDougal Graduate Teaching Center, Yale University)
5) ミネソタ大学授業・学習サービスセンター(Center for Learning and Teaching Services, University of Minnesota)
6) 南フロリダ大学21世紀ティーチング・エクサレンスセンター(21st Century Teaching Excellence, University of South Florida)

 上記の訪問調査結果を弘前大学に報告するとともに、同大学における授業改善に繋げました。また、この調査結果を踏まえて授業への省察にもとづくティーチング・ポートフォリオの導入を提言し、ダルハウジー大学における2006年5月29日〜6月2日のティーチング・ポートフォリオのワークショップに同僚教員と参加しました。

授業改善を目的とする多くのセミナー、ワークショップ、専門会議に出席しました。たとえば、2005年11月の新潟大学での大学教育学会2005年度課題研究集会や2006年3月の京都大学での第12回大学教育研究フォーラムに参加しました。

7. 授業への貢献

ファカルティ・デベロップメント担当者として、学生による授業評価報告書にもとづいて授業改善に繋げる具体策を提言しました。また、授業シラバスの改善を目的に「基礎ゼミ」担当教員を中心とした1泊2日のFDワークショップを企画・実施しました。

21世紀教育に関して教務専門委員会、FD・広報専門委員会、点検・評価専門委員会に所属して授業改善に努めました。また、附属図書館の図書選定委員で「指定図書」について助言しました。

授業改善を目的する教員のFDコンサルティングを行い、教員の授業に関する相談窓口を開きました。

8. 専門ジャーナルの編集

『21世紀教育フォーラム』の編集委員長として2006年3月に創刊号を発刊しました。

9. 授業に関連した出版物

『戦後日本の高等教育改革政策──「教養教育」の構築』(玉川大学出版部、2006)を1月に刊行しました。これは、戦後日本の教養教育の歴史を分析したもので、教養教育の重要性を喚起したものです。授業の参考文献としても利用しました。

論文「ティーチング・ポートフォリオの積極的導入──自己反省から授業改善へ」『21世紀教育フォーラム』(弘前大学)(創刊号、2006年3月)をまとめました。これは、教員の授業への省察にもとづく授業改善について述べたものです。

事項索引

欧字

GPA　　　　　　　　　　50–56
GPA 制度　　　　　　49, 50, 53
PBL（Problem Based Learning）　33, 34
PFF（Preparing Future Faculty）　17, 160
PFF プログラム　　　　　　163
PISA　　　　　　　　　　21, 22

ア行

アイスブレーキング　　　　81
アカウンタビリティ（説明責任）
　　　　　　13, 36, 37, 97, 100, 114
秋田大学　　　　　　　　16, 149
アクティブ・ラーニング（能動的学習）
　　　　　　　　　　　79–81, 83
岩手大学　　　　　　　　　87
ウィスコンシン大学マジソン校　60, 61
愛媛大学　　　　　　　　　27
　――教育・学生支援機構　　149
エンロールメント・マネージメント　18
大阪府立大学　　　　　　　16
　――高等教育開発センター　53
桜美林大学　　　　　　　　53
岡山大学教育開発センター　149

カ行

学習実践記録　　　　　　　71
学習ピラミッド（Learning Pyramid）　33
学生による授業評価　　iii, iv, 5, 7, 8,
　　11, 29, 85–89, 99, 122, 127, 128, 143
学期途中の授業評価　　　8, 9, 11
学期途中のフィードバック　65, 68,
　　　　　　　　　　　70, 72, 108
学期末の授業評価　　　8, 10, 68
学校教育法　　　　　　　　4
北見工業大学　　　　　　　87
京都大学　　　　　　　　　71
クリッカー・システム　　70, 81
公開授業　　iii, iv, 29, 31, 107, 108
高大連携　　　　　v, 17, 18, 20
国際教養大学　　　　　　50, 52
国際基督教大学　　　　　88, 141
コンサルティング　6, 42, 140, 146, 147

サ行

佐賀大学　　　　　　　　　28
　――高等教育開発センター　27
サンディエゴ州立大学　　46, 74
　――学習支援センター　　44
自己評価　　　　　　　　　9
指定図書（Reading Assignment）　v, 47,
　　　　　48, 91, 102–104, 106, 168
授業概要　　　　　　　　　36
授業シラバス　　　ii–iv, 11, 12, 32–37,
　　　　　39, 40, 42–47, 49, 50, 54, 56,
　　　　　58–60, 65, 72, 74, 91, 98, 99,
　　　　　104, 106, 108, 143, 159, 168
授業哲学（Teaching Philosophy）　113,
　　　　　　　　　　　119, 123, 143
授業への省察（Reflecting on Teaching）
　　　　　　　　　117, 118, 135, 143

出席　54
省察的供述（Reflective Statement）
　　　　　　　12, 44, 60
シラキューズ大学　19, 20, 42
信州大学高等教育システムセンター
　　　　　　　149
優れた授業実践のための7つの原則
　　　　　75, 77, 89, 119, 123
スタッフ・ディベロップメント（SD）　4
セント・ノルバート・カレッジ
　　　　　　　126, 127, 146
全入時代　i , ii , 13-15, 17, 23, 145

タ行

大学審議会　15, 35, 49, 103
大学評価・学位授与機構　v , 5, 88, 93,
　　　　　98, 100, 101, 110, 111
大学評価基準　4, 106
ダルハウジー大学　ii , v, 52, 55,
　　　56, 65, 72, 84, 96, 97, 100,
　　　101, 116, 118, 122, 123, 128,
　　　134, 139, 141, 143, 146, 164
──学習・授業支援センター　82
単位制度の実質化　iii , 4, 28, 48,
　　　　　58, 94, 102, 103, 106
千葉経済大学短期大学部　61
中央教育審議会　3, 49, 58, 94,
　　　　　106, 159-161, 181
中央教育審議会答申　94, 97
中央大学　17
──商学部　18, 19
ティーチング・ドーシィエー
　（Teaching Dossiers）　100, 114, 124
ティーチング・フィロソフィー
　（Teaching Philosophy，授業哲学）
　　　　iv, 34, 46, 132, 136, 140, 147
ティーチング・ポートフォリオ
　（Teaching Portfolio，授業実践記録）
　　　　ii - v, 11, 12, 46, 93, 102, 111-
　　　　118, 125-128, 130-137, 138-140,
　　　　142-144, 146, 147, 159, 162, 164
ティップス先生からの7つの提案
　　　　　　　77, 79, 164
テンプレート　130, 140, 143
東北大学　23, 25
図書探索クイズ　105, 106

ナ行

長崎大学大学教育機能開発センター
　　　　　　　149
名古屋大学　36, 39, 79
──高等教育研究センター
　　　　　　　77, 149, 164
奈良先端科学技術大学大学院　87
能動的学習　v , 17, 32, 34, 42, 43,
　　　　　47, 48, 58, 75, 82, 91, 103

ハ行

兵庫医科大学　87
剽窃（Plagiarism）　v , 72-74
弘前大学　ii , v, 17, 20, 23, 25,
　　　37, 47, 48, 56, 57, 59, 61, 88, 93,
　　　94, 100-102, 107, 108, 111, 114,
　　　116, 130, 135, 136, 143, 147, 159
弘前大学モデル　95, 98, 114, 142
ファカルティ・デベロップメント（FD）
　　　　iii , 3, 13-17, 97, 146, 178
プロジェクト・アドバンス　19, 20
北海学園大学　105
北海道大学　15, 16, 58, 59, 164

マ行

マイアミ大学　　　　　　　　　18
南フロリダ大学　　　　　　13, 74
ミネソタ大学　　　42, 55, 65, 79, 81
　　——授業・学習サービスセンター
　　　　　　　　　　　　　　45, 54
　　——評議会　　　　　　　　55

ヤ行

山形大学　　29, 30, 107, 108, 146, 149
　　——高等教育研究企画センター　31
山口大学・大学教育センター　　68

ラ行

ラーニング・ポートフォリオ（Learning Portfolio，学習実践記録）　ⅲ, ⅳ, 44, 58-62, 102, 112, 113, 147, 148, 150

人名索引

ア行

池田輝政　　　　　　　　　　36
小笠原正明　　　　　　　　　15
沖裕貴　　　　　　　　　　　68

カ行

角方正幸　　　　　　　　　　104
絹川正吉　　　　　　141, 162, 163
グルーナート（Judith Grunert）　32, 42
郡千寿子　　　　　　　　　　21
小宮山宏　　　　　　　　　　161

サ行

清水亮　　　　　　　　　　　71
杉本均　　　　　　　　　　　127
須藤新一　　　　　　　　　　164
ゼニス（Connie Tzenis）　　　79
セフィールド（Suzanne L-May Sheffield）
　　　　　　　　　　　　　137

セルディン（Peter Seldin）　v, 5, 9, 87, 98, 101, 114, 118, 128, 143

仙道富士郎　　　　　　　　　30

タ行

高橋哲也　　　　　　　　　　53
田中浩朗　　　　　　　　　　36
常本秀幸　87
テイラー（Lynn Taylor）　　82, 164

ハ行

ホーン（Robert L. Horn）　　126
ボイヤー（Ernest L. Boyer）　34

マ行

マクマホン（Dana C. McMahon）　127
松岡信之　　　　　　　　　　88
マッキーチ（Wilbert J. McKeachie）　40
ミラー（Elizabeth Miller）　5, 8, 9, 11, 98

著者紹介

土持ゲーリー法一（つちもち ゲーリー ほういち）(TSUCHIMOCHI, Gary Hoichi)
1945年　中国撫順市生まれ。
1978年　コロンビア大学東アジア研究所研究科修了。
1980年　コロンビア大学大学院ティーチャーズ・カレッジ（比較教育学専攻）で教育学博士号取得。
1990年　東京大学大学院で教育学博士号取得。
現　在　帝京大学総合教育センター教授。

主著

『占領下ドイツの教育改革』（明星大学出版部、1989年）
『米国教育使節団の研究』（玉川大学出版部、1991年）
Education Reform in Postwar Japan: The 1946 U.S. Education Mission (University of Tokyo Press, 1993)
『新制大学の誕生――戦後私立大学政策の展開』（玉川大学出版部、1996年）
『戦後日本の高等教育改革政策――「教養教育」の構築』（玉川大学出版部、2006年）
『ラーニング・ポートフォリオ――学習改善の秘訣』（東信堂、2009年）

翻書

『占領下日本の教育改革政策』（マーク・T・オア著）（玉川大学出版部、1993年）

The Teaching Portfolio
The Key to Success in Improvement of Teaching

ティーチング・ポートフォリオ――授業改善の秘訣　　定価はカバーに表示してあります。
2007年7月30日　初　版第1刷発行
2010年9月15日　初　版第2刷発行　　　　　　　　　　〔検印省略〕

著者Ⓒ土持ゲーリー法一／発行者　下田勝司　　　印刷・製本／中央精版印刷

東京都文京区向丘1-20-6　郵便振替00110-6-37828
〒113-0023　TEL (03)3818-5521　FAX (03)3818-5514　　発行所　株式会社 東信堂
Published by TOSHINDO PUBLISHING CO., LTD.
1-20-6, Mukougaoka, Bunkyo-ku, Tokyo, 113-0023 Japan
E-mail : tk203444@fsinet.or.jp　http://www.toshindo-pub.com

ISBN978-4-88713-759-2　C3037　Ⓒ TSUCHIMOCHI hoichi

東信堂

大学の自己変革とオートノミー——点検から創造へ	寺﨑昌男	二五〇〇円
大学教育の創造——歴史・システム・カリキュラム	寺﨑昌男	二五〇〇円
大学教育の可能性——教養教育・評価・実践	寺﨑昌男	二五〇〇円
大学は歴史の思想で変わる——FD・評価・私学	寺﨑昌男	二八〇〇円
大学改革 その先を読む	寺﨑昌男	一三〇〇円
大学教育の思想——学士課程教育のデザイン	絹川正吉	二八〇〇円
あたらしい教養教育をめざして——大学教育学会25年の歩み:未来への提言	大学教育学会25年史編纂委員会編	二九〇〇円
高等教育質保証の国際比較	羽田貴史	二八〇〇円
大学における書く力考える力——認知心理学の知見をもとに	杉森公一・米澤彰純・井下千以子	二六〇〇円
ティーチング・ポートフォリオ	土持ゲーリー法一	二三〇〇円
ラーニング・ポートフォリオ——学習改善の秘訣	土持ゲーリー法一	二五〇〇円
津軽学——歴史と文化	弘前大学21世紀教育センター・土持ゲーリー法一編著	二六〇〇円
IT時代の教育プロ養成戦略——日本初のeラーニング専門家養成ネット大学院の挑戦	大森不二雄編	二六〇〇円
資料で読み解く南原繁と戦後教育改革	山口周三	二八〇〇円
大学教育を科学する——学生の教育評価の国際比較	山田礼子編著	三六〇〇円
一年次(導入)教育の日米比較	山田礼子	二八〇〇円
大学の授業	宇佐美寛	二五〇〇円
大学授業の病理——FD批判	宇佐美寛	二五〇〇円
授業研究の病理	宇佐美寛	二五〇〇円
大学授業入門	宇佐美寛	一六〇〇円
作文の論理——〈わかる文章〉の仕組み	宇佐美寛	一九〇〇円
学生の学びを支援する大学教育	溝上慎一編	二四〇〇円
大学教授職とFD——アメリカと日本	有本章	三二〇〇円

〒113-0023 東京都文京区向丘1-20-6　TEL 03-3818-5521　FAX 03-3818-5514　振替 00110-6-37828
Email tk203444@fsinet.or.jp　URL:http://www.toshindo-pub.com/

※定価：表示価格（本体）＋税